금융 데이터를 위한 파이썬

부동산 & 주식 데이터 수집·분석·활용까지

금융 데이터 수집·분석·활용, 이제는 전문가의 영역이 아닙니다.

금융은 돈을 다루기에 우리 실생활과 매우 밀접하게 관련이 있습니다. 그래서 많은 사람이 금융에 관심이 있습니다. 하지만, 뉴스 정도로 정보를 얻을 뿐 그 이상의 정보를 얻기는 어려웠습니다. 금융은 여러 가지 지표와 데이터가 있어 이를 분석하고 비교해 보는 것이 중요합니다.

과거에는 금융 데이터를 개인이 수집하고 활용하기 어려웠습니다. 하지만, 지금은 많은 데이터가 공개되어 수집하고, 분석·활용하는 것이 매우 쉬워졌습니다. 데이터를 분석하고 시각화함으로써 경제를 잘 이해할 수 있으며 투자에까지 연결할 수도 있습니다.

이런 데이터를 수집·활용하는 방법은 여러 가지가 있지만, 파이썬을 이용하는 것이 가장 효율적입니다. 파이썬은 쉬운 문법과 다양한 패키지로 가장 효율적으로 데이터를 수집하고 분석할 수 있게 해 줍니다. 프로그래밍의 장점은 쉽게 수정하고 재사용할 수 있다는 것입니다. 한 번 수집하고 분석한 코드를 얼마든지 수정하고 다른 업종에도 재사용할 수 있습니다.

데이터를 직접 수집하고 분석하는 일은 재밌는 일입니다. 이 책을 통해서 금융 데이터뿐만 아니라 관심 있는 데이터를 분석하고 활용하는 데 많은 도움이 되었으면 합니다.

저자 소개

테리엇

CRM 분야로 사회생활을 시작하여 15년간 데이터 분석 일을 하고 있다. 2015년 파이썬을 처음 접하고 간결한 문법과 다양한 패키지들에 반했고, 실생활에서 이를 더 유용하게 활용할 수 있는 방안을 만드는 데 관심이 많다.

현재는 인공지능과 머신러닝을 활용한 알고리즘을 만드는 일을 하고 있다. 개인 블로그 '테리엇의 디지털 놀이터(https://tariat.tistory.com)'를 운영 중이다.

이 책에 대하여

이 책은 비전문가가 파이썬으로 금융 데이터를 수집·분석·활용하는 방법에 대해서 알아봅니다. 그래서 여러 가지 분야의 금융 데이터를 다뤄 보는 것을 목표로 합니다.

한 가지 분야의 금융 데이터를 깊게 분석하는 것은 금융 전문가의 영역입니다. 이러한 주제에 대해서는 이 책에서 다루지 않습니다. 그보다는 우리가 실생활에서 관심을 가질 만한 주제와 데이터를 어떻게 분석하고 활용할 수 있는지에 대해서 다룹니다.

금융이나 재테크에 관심이 있다면 관련 데이터를 수집하고 분석 및 자동화하는 방안들을 알아봅니다. 데이터 분석에 관심이 있지만, 어떻게 시작해야 할지 모르는 분들도 많습니다. 이 책을 통해 금융 데이터를 시작으로 다른 분야에까지 적용할 수 있도록 안내하고자 합니다.

파이썬을 알아야 하나요?

이 책은 파이썬 기초 문법을 아는 독자를 대상으로 썼습니다. 그래서 파이썬의 설치나 기초적인 내용은 다루지 않습니다. 파이썬을 처음 접하는 분이라면 기초 지식을 배운 후에 이 책을 볼 것을 추천합니다.

이 책의 구성

이 책은 파이썬으로 금융 데이터를 수집·분석·활용하는 방법 순으로 구성되어 있습니다.

첫 번째 장에서는 데이터를 수집하는 방법에 대해 다룹니다. 데이터를 수집하기 위해 웹 크롤링, 오픈 API, 파이썬 패키지에 대해 알아보고, 이를 활용하여 데이터를 수집해 봅니다.

두 번째 장에서는 데이터를 분석하는 방법을 알아봅니다. 판다스 패키지로 데이터를 전처리하고 기술 통계량을 얻는 방법을 알아볼 예정입니다. 데이터 시각화 패키지를 이용하여 데이터를 분석하는 방법에 대해서도 다룹니다.

세 번째 장에서는 데이터를 활용하는 방안에 대해서 알아봅니다. 관심 있는 데이터를 시각화하고 금융 대시보드를 만드는 방법에 대해서 배울 예정입니다. 파이썬 패키지를 이용해서 퀀트 투자에 접근하는 방법도 다룹니다. 이 외에도 여러 가지 금융 데이터를 활용하는 방안에 대해 다룹니다.

준비하기

이 책에 나오는 코드는 파이썬 3.7.3 버전의 아나콘다 배포판에서 작성하였습니다. 하지만, 상위 버전의 프로그램을 사용해도 문제는 없습니다.

파이썬 개발 환경은 파이참과 주피터 노트북을 사용하였습니다. 파이참은 무료로 사용할 수 있는 파이썬 통합 개발 환경입니다. 편집 창 아래에 파이썬을 실행해 놓고, 코드를 바로바로 실행하면서 결과를 확인할 수 있습니다. 주피터 노트북은 데이터 분석에 대한 설명과 결과를 보고서 수준으로 정리할 수 있게 도와줍니다. 앞에서 분석한 결과도 계속 확인할 수 있어 편리합니다.

파이썬은 이미 개발된 패키지를 활용할 수 있다는 것이 큰 장점입니다. 금융 데이터를 수집하고 분석하는 데 유용한 여러 가지 패키지가 이미 개발되어 있습니다. 이 책에서 주로 사용하는 패키지는 다음과 같습니다. 각 패키지에 대한 자세한 내용은 패키지명을 검색하여 공식 홈페이지를 방문하면 확인할 수 있습니다.

- urllib: 웹의 URL로 작업하기 위한 기능들을 모아 놓은 패키지
- beautifulsoup: HTML이나 XML 코드에서 원하는 데이터를 추출할 수 있도록 해 줍니다.
- selenium: 웹 테스트 자동화를 위한 도구
- scrapy: 오픈 소스 파이썬 웹 크롤링 프레임워크
- pymysql: MySQL 서버에 접속하고 사용할 수 있는 기능을 제공
- pandas: 테이블 형태의 자료형을 제공하고 연산할 수 있는 패키지
- seaborn: 데이터 분석을 위한 시각화 기능을 제공
- plotly: 웹에서 상호 작용이 가능한 그래프를 만들어 주는 오픈 소스 패키지

파이참과 주피터 노트북 실행하기

파이썬 코드를 콘솔이나 텍스트 에디터에서 입력하여 실행할 수도 있습니다. 하지만, 파이참은 파이썬 코딩을 위한 편리하고 쉬운 환경을 제공합니다.

파이참은 무료 버전인 커뮤니티 버전과 유료 버전인 프로페셔널 버전이 있습니다. 프로페셔널 버전이 더 많은 기능을 제공하지만, 커뮤니티 버전도 충분히 좋은 기능을 제공합니다. 이 책에서는 파이참 커뮤니티 2019.3 에디션을 사용하였습니다.

주피터 노트북은 데이터 분석에 사용하기 용이한 환경을 제공해 줍니다. 데이터를 분석할 때는 순차적으로 데이터를 확인하고, 결과를 확인하며 여러 가지 분석을 합니다. 주피터 노트북은 지난 분석 결과도 확인할 수 있고, 바로 리포트로 만들 수 있다는 장점이 있습니다. 파이참에도 데이터 과학 모드가 있지만, 프로페셔널 버전에서만 지원됩니다.

주피터 노트북은 파이참 커뮤니티 버전에서 지원하지 않아 별개로 실행해야 합니다. 그러나, 주피터 노트북을 파이참 외부 도구에 등록해서 실행하면 더 편리하게 사용할 수 있습니다.

외부 도구에 주피터 노트북을 등록하기 위해서 설정 화면으로 이동해 보겠습니다. 여기서 [Tools] - [External Tools]로 이동합니다. [External Tools] 메뉴로 이동하면, 하단의 '+' 버튼을 클릭합니다.

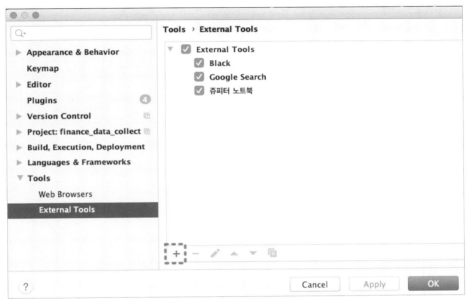

[그림 0-1] 파이참 외부 도구

등록 화면이 나오면 [그림 0-2]와 같이 입력합니다. Program에는 주피터 실행 파일 위치를 넣어야 합니다. 맥을 사용하는 분은 동일한 경로를 지정하고, 윈도우를 사용하고 있다면 anaconda3가 설치된 폴더에서 bin 폴더에 있는 jupyter 파일을 지정하면 됩니다. Arguments는 Program에 입력한 파일을 실행할 때 뒤에 파라미터로 넣을 내용입니다. $ProjectFileDir$는 현재 파이참 프로젝트 디렉터리를 말합니다.

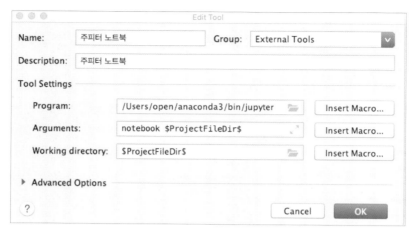

[그림 0-2] 주피터 노트북 외부 도구 등록

이제 상단 메뉴의 [Tools] - [External Tools]로 이동하면 주피터 노트북이 등록된 것을 확인할 수 있습니다. 주피터 노트북을 클릭하면, 파이참 프로젝트 디렉터리에서 주피터 노트북이 시작됩니다.

예제 코드 사용

이 책의 소스 코드는 Github 저장소에서 다운로드받을 수 있습니다. 이 외에도 저자의 블로그(https://tariat.tistory.com)에 파이썬과 관련된 많은 글이 있으니 참조하기 바랍니다.

- Github 저장소: https://github.com/bjpublic/python-for-finance-data

베타 리더
리뷰

금융회사, 핀테크 업체 등 금융 데이터를 다루는 곳에서 IT 기술의 필요성은 점점 더 커지고 있습니다. 이러한 TechFin 시대에 발맞춰, 금융에 관심을 갖고 있는 개개인이 파이썬으로 금융 데이터를 수집·분석·시각화하여 자신만의 대시보드까지 만들어 볼 수 있는 좋은 도서입니다.

김재기

본 도서는 OpenAPI와 크롤링을 이용한 해외, 국내의 각종 금융 데이터 수집부터 여러 가지 파이썬 라이브러리를 활용한 금융 데이터 탐색, 시각화 그리고 투자에 대한 백 테스팅 및 평가까지 굉장히 넓은 범위를 다루고 있습니다. 또한 각 파트별로 실습 및 라이브러리 사용법을 제시합니다. 파이썬을 사용해 본 적이 있다면 부담 없이 읽을 수 있는 책입니다.

금융 데이터 관련 프로젝트를 시작하려는데 막막한 분들, 금융 데이터 활용에 대해 궁금한 분들, 많은 수식과 복잡한 이론적 접근이 아닌 코드와 실습으로 부담 없이 읽을 수 있는 책을 찾는 분들께 이 책을 적극 추천합니다.

서영원

재테크에 관심이 많아 그동안 금융 관련 개발 서적을 많이 본 독자입니다. 본 도서는 특정 영역만 집중적으로 다루는 시중의 다른 책들과 달리 전체적인 내용을 다룬다는 점에서 적극 추천하고 싶은 책입니다. 금융 분야의 데이터 수집·분석·활용하기까지 꼭 필요한 내용만을 꾹꾹 눌러 담고 있습니다.

주식, 부동산, 금융 분야 등 재테크에 관심이 있는 분이라면 본 도서를 통해 데이터를 수집·분석 및 자동화하여 활용하기까지 전체 프로젝트를 경험할 수 있습니다. 이렇게 처음부터 학습하다 보면 응용력이 생겨 다른 분야에도 충분히 적용할 수 있을 것입니다.

데이터 분석을 어떻게 시작해야 할지 모르는 분이라면 <금융 데이터를 위한 파이썬> 책과 함께 데이터 수집부터 분석·활용까지 한 번에 해결하는 '데이터 사이언스'가 되어 보길 바랍니다.

이석곤

현재 금융사 빅데이터를 분석해 서비스를 구축하는 일을 하고 있고, 후임들이 스킬 업할 수 있는 교재를 찾던 중에 본 도서를 접하게 되었습니다. 이전에 나온 많은 책은 설치부터 힘들거나 따라 하기 힘든 예제가 많아 신입 직원들이 내부 프로젝트와 같은 미션을 수행하는 데 어려움이 컸습니다. 반면 본 도서는 이러한 크고 작은 시행착오를 확실히 줄여 주었습니다. 특히 신입 직원들이 겪는 프로젝트에 대한 막연한 두려움을 자신감으로 바꿔 주는 책이라고 말씀드리고 싶습니다.

데이터 분석가를 목표로 하는 사회 초년생분들은 천천히 정독해 보기를 강력히 추천합니다.

한석균

본 도서는 데이터 수집·분석·활용에 이르는 일련의 과정을 빠른 시간 내에 익힐 수 있도록 구성되어 있습니다. 실무에서 데이터를 분석하다 보면 사소한 문법이나 Tip을 몰라서 시간을 뺏기는 경우가 흔한데, 이런 디테일한 부분까지 단계별로 안내되어 있어 시행착오를 크게 줄여 줍니다. 데이터 형태, 특성은 물론 비교·추세와 같은 분석 목적에 따라 산점도, 히트맵 등 어떠한 시각화 기법을 사용해야 하는지 명쾌히 제시합니다. 또한 저자가 직접 만든 라이브러리 파일을 활용하여 빠른 분석을 돕는 구성을 통해 저자의 오랜 실무 내공을 느낄 수 있습니다.

전반부에는 부동산 실거래가, 재무제표 등의 '수집'에 대해 다루고, 중반부에는 Pandas, 시각화 기법을 통한 '분석' 기법을 제시하며, 후반부에는 금융 대시보드 개발, 매매가 대비 전세가 및 강남 접근성을 활용한 부동산 분석 등 '활용' 방법을 기술합니다.

HTML, CSS, Java Script, SQLite, MySQL, Python 등 다양한 IT 기술의 핵심을 빠르게 익힐 수 있다는 점은 본 도서의 백미이며, 10페이지도 채 읽기 전에 주식 차트를 그릴 수 있을 만큼 실전 위주로 구성되어 있습니다. 그 외 구글 클라우드 API의 활용법이나 ipywidgets과 같은 주피터 노트북 익스텐션 Tip, 금리나 주가 등의 정보를 얻을 수 있는 레퍼런스 사이트를 한눈에 파악할 수 있다는 점은 본 도서의 또 다른 매력입니다.

허민

목차

| CHAPTER |

1

금융 데이터 수집하기   1

| CHAPTER |

2

금융 데이터 분석하기   123

금융 데이터 수집하기

금융 데이터 수집하기

금융 데이터를 수집하는 방법은 여러 가지가 있지만, 이 책에서는 일반인이 인터넷을 통해서 돈을 지급하지 않고 수집하는 방법을 알아보겠습니다. 데이터를 수집하는 방법에 따라 파이썬 패키지, 오픈 API, 웹 크롤링의 3가지로 크게 나누었습니다.

구분	수집 대상(범위)	활용 난이도
파이썬 패키지	좁다	쉽다
오픈 API	중간	중간
크롤링	넓다	어렵다

[표 1-1] 금융 데이터 수집 방법

가장 쉽게 데이터를 수집하는 방법은 파이썬 패키지를 이용하는 것입니다. 보통 오픈 API로 제공되는 데이터를 사용하기 쉽게 재구성한 패키지들입니다. 가장 대표적인 패키지로는 pandas-datareader가 있습니다.

금융 데이터를 수집하기 위해 가장 적합한 방법은 오픈 API입니다. 하지만, 모든 데이터가 오픈 API로 제공되지는 않습니다.

API는 Application Programming Interface의 약자로 해당 기능을 이용하여 다른 프로그램을 만들 수 있는 수준의 인터페이스를 제공하는 것을 말합니다.

최근에는 금융결제원을 통해서 금융 관련 API가 많이 개방되고 있습니다. 데이터를 제공하는 것도 API로 구현된 곳이 많습니다. 공공 기관에서도 오픈 API를 통해 많은 데이터를 공개하고 있습니다. 공공 데이터 포털(www.data.go.kr)에 가면 아래와 같이 개방된 데이터를 한 번에 볼 수 있습니다.

[그림 1-1] 공공 데이터 포털(www.data.go.kr)

웹 크롤링을 이용하면 웹에 있는 모든 데이터를 내 PC로 저장할 수 있습니다. 그래서, 수집할 수 있는 범위가 가장 넓지만, HTML, CSS, 자바스크립트 등 웹에서 사용되는 기술에 대해 일부 알아야 합니다. 웹 크롤링하는 방법은 여러 가지가 있습니다. 그중에서도 가장 많이 사용하는 방법을 정리하면 [표 1-2]와 같습니다.

구분	수집 대상(범위)	활용 난이도
urllib 패키지 이용	좁다	쉽다
셀레늄(selenium) 이용	넓다	어렵다
scrapy 패키지 이용	중간	중간

[표 1-2] 파이썬 웹 크롤링 방법

파이썬으로 웹 크롤링할 때 가장 먼저 하는 방법이 urllib 패키지를 이용하는 것입
니다. 하지만, urllib 패키지는 동적으로 변하는 페이지를 크롤링하거나 자동화하기에
어려움이 있습니다. 이럴 때 유용하게 사용할 수 있는 것이 셀레늄(selenium) 패키지
입니다. 셀레늄은 웹 테스트 자동화를 위한 도구로, 파이썬 코드로 웹 브라우저를 조
정할 수 있습니다. 웹에서 할 수 있는 거의 모든 동작을 할 수 있어 매우 유용합니다.
scrapy 패키지는 크롤링을 위한 단계들이 미리 구조화되어 있습니다. 많은 웹 페이지
를 자주 수집할 때 유용한 패키지입니다.

1.1 파이썬 패키지를 이용하여 데이터 수집하기

금융 데이터를 수집할 수 있는 패키지로 가장 많이 사용되는 것은 pandas-datareader
입니다. pandas-datareader는 금융 데이터를 제공하는 여러 가지 사이트의 정보를
쉽게 수집할 수 있도록 도와줍니다.

국내 주식 데이터를 수집할 수 있는 finance-datareader에 대해서도 알아보겠습니다.

1.1.1 pandas-datareader 이용하기

pandas-datareader는 파이썬 아나콘다 배포판을 이용하면 미리 설치되어 있습니다.
수집할 수 있는 주요 데이터를 살펴보겠습니다.

주가 데이터

pandas-datareader로 주가 데이터를 수집하는 방법은 여러 가지가 있습니다. 야후와 구글 파이낸스가 가장 대표적입니다. 하지만, 이 둘은 pandas-datareader에서 없어질 예정입니다. 그래서 tiingo에서 주가 데이터를 받아 보겠습니다. tiingo는 해외주가 데이터만 수집할 수 있습니다. 국내 주가 데이터는 뒤에서 알아볼 FinanceDataReader를 이용해서 받을 수 있습니다.

tiingo를 이용하려면 API KEY를 발급받아야 합니다. 무료로 회원가입을 하면, API KEY도 발급받을 수 있습니다.

[그림 1-2] tiingo 사이트(https://www.tiingo.com)

회원가입을 하고, 좌측 햄버거 메뉴를 선택합니다. API 메뉴를 클릭하고, 'Take Me to the Documentation' 버튼을 클릭합니다. API 사용에 대한 자세한 설명을 볼 수 있습니다. 여기서 '1.2 Connecting'을 선택하고 'Click here to see your API Token'을 클릭합니다. 그러면 API KEY를 확인할 수 있습니다.

구글 종목 코드를 입력해서 주가 데이터를 받아 보고, head 함수를 통해서 확인해 보았습니다.

```
In[0]:   import pandas_datareader as pdr

         TINGO_API_KEY = "API키 입력"
         df = pdr.get_data_tiingo('GOOG', api_key=TINGO_API_KEY)
         df.head()
Out[0]:
         adjClose  adjHigh  ...  splitFactor  volume   symbol date  ...
GOOG     2014-12-30 00:00:00+00:00   530.42   531.150  ...     1.0   873923
         2014-12-31 00:00:00+00:00   526.40   532.600  ...     1.0  1371819
         2015-01-02 00:00:00+00:00   524.81   531.270  ...     1.0  1446662
         2015-01-05 00:00:00+00:00   513.87   524.330  ...     1.0  2054238
         2015-01-06 00:00:00+00:00   501.96   516.175  ...     1.0  2891950
[5 rows x 12 columns]
```

뒤에서 다룰 seaborn이라는 패키지를 이용해서 주가 변화 추이를 확인할 수 있습니다.

```
In[1]:   import seaborn as sns

         sns.lineplot(x=df.index.levels[1], y="adjClose", data=df)
```

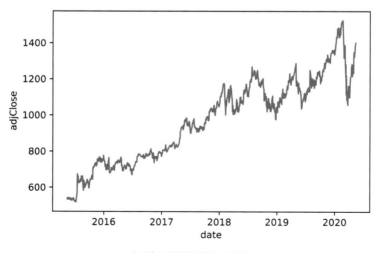

[그림 1-3] 구글 종가 그래프

원하는 주식의 종목 코드를 알고 싶다면, tiingo나 야후 파이낸스에서 주식명으로 검
색해 보면 됩니다.

주가 지수 데이터

코스피나 나스닥 같은 주가 지수 정보는 Stooq라는 곳에서 수집할 수 있습니다.
Stooq에 접속하여 원하는 주가 지수를 입력하면 코드 정보를 알 수 있습니다. KOSPI
를 검색하여 코스피 지수 코드를 확인하고, 지수 변화를 그래프로 그려 보았습니다.

[그림 1-4] Stooq(https://stooq.pl/)

```
In[2]:    import pandas_datareader.data as web

          df = web.DataReader('^KOSPI', 'stooq')
          sns.lineplot(x=df.index, y="Close", data=df)
Out[2]:
```

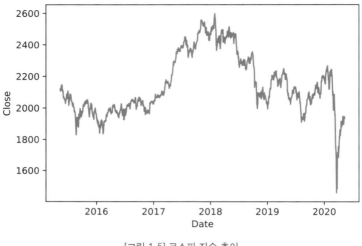

[그림 1-5] 코스피 지수 추이

환율 데이터

환율 데이터는 Alpha Vantage라는 곳에서 무료로 API KEY를 발급받아 수집할 수 있습니다. 사이트에 접속한 후 우측 상단의 SUPPORT를 클릭합니다. 소속과 직업, 이 메일 주소를 입력하면 API KEY를 발급받을 수 있습니다.

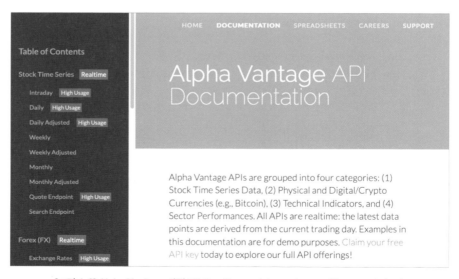

[그림 1-6] Alpha Vantage 사이트(https://www.alphavantage.co/documentation/)

API KEY를 발급받은 후에 DataReader 함수를 이용하면 실시간 환율을 받을 수 있습니다. 앞의 통화 코드는 FROM/TO로 원달러 환율을 알고 싶다면, USD/WON으로 입력하면 됩니다.

```
In[1]:   import pandas_datareader.data as web

         ALPHAVANTAGE_API_KEY = "API키 입력"
         df_1 = web.DataReader("USD/KRW", "av-forex", api_key=
         ALPHAVANTAGE_API_KEY)
         df_1.head()
Out[1]:
                            USD/KRW
         From_Currency Code    USD
         From_Currency Name    United States Dollar
         To_Currency Code      KRW
         To_Currency Name      South Korean Won
         Exchange Rate         1157.50000000
```

pandas_datareader 패키지는 실시간 환율 데이터만 수집할 수 있습니다. 기간별 환율 데이터를 수집하고 싶다면, 발급받은 API KEY를 이용해서 직접 수집해야 합니다.

API로 데이터를 수집하기 위해서 urllib 패키지를 이용합니다. url에 필요한 파라미터를 입력한 후 전송하면 그에 맞는 데이터가 회신됩니다. 일별 환율 데이터를 수집하기 위해서 아래와 같이 url을 구성합니다. 주별·월별 단위의 데이터도 수집이 가능합니다. 이에 대한 자세한 내용은 Alpha Vantage 사이트를 참조해 보세요.

API를 이용해서 데이터를 수집하는 방법이 궁금하다면, '1.2 OPEN API를 이용하여 데이터 수집하기'를 참조하기 바랍니다.

```
In[3]:   from urllib.request import urlopen
         import json
         import pandas as pd
```

```
url = "https://www.alphavantage.co/query?function=FX_DAILY&
from_symbol=USD&to_symbol=KRW&outputsize=compact&apikey="+
ALPHAVANTAGE_API_KEY
result = urlopen(url)
result_read = result.read()

df = pd.DataFrame(json.loads(result_read)["Time Series FX
(Daily)"]).T
df.head()
```
Out[3]:

	1. open	2. high	3. low	4. close
2019-12-31	1155.8300	1157.6900	1155.8200	1157.0400
2019-12-30	1159.2700	1159.7000	1153.3900	1155.8100
2019-12-29	1158.4500	1159.2700	1158.4500	1159.2700
2019-12-27	1160.7700	1161.6000	1156.8900	1158.4500
2019-12-26	1159.2700	1161.9200	1158.8500	1160.7800

from_symbol에 USD를 to_symbol에 KRW를 입력하면 원달러 환율 데이터를 얻을 수 있습니다. 요청한 데이터는 json 형식으로 회신되어, json 패키지를 이용해서 딕셔너리 자료형으로 바꿔 줍니다. json은 데이터를 전달하기 위한 포맷의 하나로, 키와 값으로 이루어집니다.

파이썬에서는 데이터 분석을 위해 판다스 패키지의 데이터 프레임을 많이 사용합니다. 데이터 프레임은 행과 열로 이루어진 테이블 형태의 자료형입니다. 데이터 분석에 사용하기 위해 딕셔너리를 판다스 데이터 프레임으로 바꾸었습니다.

원자재 가격 데이터

원자재 가격은 미국 연방준비은행에서 관리하는 FRED(Federal Reserve Economic Data)에서 수집할 수 있습니다. 찾고 싶은 정보를 사이트(https://fred.stlouisfed.org/)에서 검색합니다. 원유 가격을 확인하기 위해 oil이라고 검색하였습니다. Crude Oil Prices: West Texas Intermediate(WTI)를 찾을 수 있고 [그림 1-7]과 같이 코드도 알 수 있었습니다.

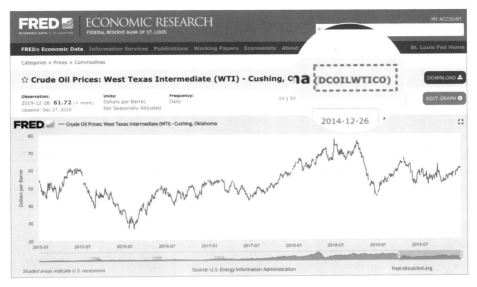

[그림 1-7] FRED 사이트(https://fred.stlouisfed.org/)

```
In[4]:   import pandas_datareader.data as web
         import datetime

         start = datetime.datetime(2015, 1, 1)
         end = datetime.datetime(2019, 12, 31)

         oil = web.DataReader('DCOILWTICO', 'fred', start, end)
         oil.head()
Out[4]:
DCOILWTICO    DATE
2015-01-01    NaN
2015-01-02    52.72
2015-01-05    50.05
2015-01-06    47.98
2015-01-07    48.69
```

그 외 경제 지표 데이터

GDP나 인구수 같은 경제 지표도 pandas_datareader를 통해서 수집할 수 있습니다. 경제 지표를 수집할 수 있는 곳은 Econdb, Fred, World Bank, OECD, Enigma가 있습니다. 각각의 특징을 비교해 보면 [표 1-3]과 같습니다.

수집처	내용
Econdb	90개 이상의 공식적인 통계 기관으로 경제 데이터를 제공
Fred	세인트루이스 연방준비은행에서 제공하는 미국 및 각국의 주요 경제 지표 수집 가능
World Bank	세계 은행에서 제공하는 경제 지표 데이터
OECD	OECD 국가 통계 자료
Enigma	Enigma 사이트에서 제공하는 공개 데이터 수집 가능

[표 1-3] 경제 지표 데이터 수집 가능한 곳

이 중에서 World Bank를 통해서 각국의 GDP 정보를 수집해 보겠습니다. 데이터를 수집하는 국가 코드를 알아야 합니다. 구글에서 korea iso code를 검색하면 한국의 국가 코드가 KOR인 것을 알 수 있습니다.

World Bank에서 제공하는 데이터는 search 함수를 이용해서 데이터 코드를 검색할 수 있습니다. 제일 앞에 수집하려는 경제 지표를 입력하고, 마침표(.)로 검색하려는 상세 내용을 입력합니다. 참고로 GDP per capita가 1인당 국민 소득입니다.

```
In[5]:   from pandas_datareader import wb

         wb.search('gdp.*capita.*const')
```

한국과 일본의 구매력 기준 1인당 국민 소득을 그래프로 그려 보았습니다.

```
In[6]:   code = "NY.GDP.PCAP.PP.KD"
         matches = wb.search('gdp.*capita.*const')
```

```
data = wb.download(indicator=code, country=['JPN', 'KOR'],
start=2011, end=2018)
data = data.reset_index(drop=False)
sns.lineplot(x="year", y=code, hue="country", data=data)
```
Out[6]:

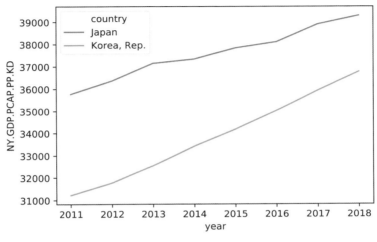

[그림 1-8] 한국과 일본의 1인당 국민 소득

1.1.2 finance-datareader 이용하기

pandas-datareader는 편리하게 금융 데이터를 수집할 수 있다는 장점이 있지만, 국내 주식 데이터를 수집하기가 어렵습니다. 국내 주식 데이터는 FinanceDataReader라는 패키지를 통해서 수집할 수 있습니다.

FinanceDataReader는 'pip install finance-datareader'를 입력하면 설치할 수 있습니다.

전체 종목 코드 수집하기

StockListing이라는 함수를 이용하면 전체 종목 코드를 수집할 수 있습니다. 한국과 미국의 종목 코드를 모두 수집할 수 있습니다. 한국은 KRX(KRX 종목 전체), KOSPI (KOSPI 종목), KOSDAQ(KOSDAQ 종목), KONEX(KONEX 종목)를 입력하고, 미국은 NASDAQ(나스닥 종목), NYSE(뉴욕 증권거래소 종목), AMEX(AMEX 종목), SP500(S&P 500 종목)을 입력하면 됩니다.

아래와 같이 KOSPI 종목의 종목 코드 데이터를 수집해 보았습니다.

```
In[8]:   import FinanceDataReader as fdr

         # KOSPI 종목 전체
         kospi_cd = fdr.StockListing('KOSPI')
         kospi_cd.head()
Out[8]:
      Symbol  Name       Sector              Industry
0     155660  DSR        1차 비철금속 제조업       합성섬유로프
1     001250  GS글로벌     상품종합 도매업         수출입업(시멘트, 철강금속, 전기전자...
2     082740  HSD엔진     일반 목적용 기계 제조업    대형선박용엔진, 내연발전엔진
3     011070  LG이노텍     전자제품 제조업          기타 전자부품 제조업
4     010060  OCI        기초 화학물질 제조업      타르제품 카본블랙, 무수프탈산, 농약원제...
```

국내 주가 데이터 수집하기

수집한 데이터에서 삼성전자 종목 코드를 확인해 보았습니다.

```
In[9]:      kospi_cd.loc[kospi_cd["Name"].str.find("삼성전자")>-1]
Out[9]:
      Symbol  Name    Sector   Industry
352   005930  삼성전자  통신 및 방송장비제조업...
```

삼성전자 주가를 수집하고, 종가 추이를 확인해 보았습니다.

```
In[10]:  import seaborn as sns

         df = fdr.DataReader("005930", '2019')
         sns.lineplot(x=df.index, y=df["Close"])
Out[10]:
```

[그림 1-9] 삼성전자 주가 추이

finance datareader에서도 각종 지수와 환율 데이터, 암호화 화폐 가격 데이터를 수집할 수 있습니다. 자세한 내용이 궁금하면, finance datareader 사이트(https://financedata.github.io/posts/finance-data-reader-users-guide.html)를 참조하기 바랍니다.

1.2 OPEN API를 이용하여 데이터 수집하기

OPEN API는 공개된, 누구나 사용할 수 있는 API를 말합니다. API는 'Application Programming Interface'의 약자로, 특정 기능을 다른 프로그램에서 사용할 수 있도록 제공하는 인터페이스입니다. 데이터를 제공하는 방법으로 API를 이용하기도 합니다.

공공 데이터 포털에서는 여러 공공 기관이 공개해 놓은 데이터를 확인할 수 있습니다. 이 중에 많은 데이터를 OPEN API로 수집할 수 있습니다. 그중에서도 경제와 금융 관련된 것들을 확인해 보면 [표 1-4]와 같습니다.

구분	제공처	제공 내용
국가 재정	공공 포털, KOSIS	세금, 국채, 채무 등
인구/가구	KOSIS	인구수, 생명표, 가구수
경기/기업 경영	공공 포털, KOSIS 한국은행	기업 경영, 경기 동향
국토 관리	공공 포털, KOSIS, 국토교통부	건축/건설, 부동산, 수자원, 국토 정보
물가/가계	공공 포털, KOSIS, 한국은행	통화/유동성
금리/환율	공공 포털, 은행연합회, 한국은행	기준금리, 예금금리, 대출금리, 환율
주식/채권	공공 포털, 한국거래소	주가지수, 채권지수, 파생상품지수 등
무역/국제 수지	공공 포털, KOSIS	무역, 국제수지 등

[표 1-4] 경제·금융 관련 공공 데이터   * 공공 포털: 공공 데이터 포털

여기서는 부동산 실거래가 데이터를 수집해 보겠습니다. 공공 데이터 포털에서 '부동산 실거래가'로 조회하면 국토교통부 실거래가 정보를 찾을 수 있습니다.

[그림 1-10] 국토교통부 실거래가 정보

국토교통부 실거래가 정보를 클릭하면, 총 12개 데이터가 OPEN API로 공개된 것을 알 수 있습니다.

구분	No	이름
상업용/부동산	1	상업용 부동산 매매 신고 자료
아파트	2	아파트 분양권 전매 신고 자료
	3	아파트 매매 실거래 자료
	4	아파트 매매 실거래 상세 자료
	5	아파트 전월세 자료
연립다세대	6	연립다세대 매매 실거래 자료
	7	연립다세대 전월세 자료

구분	No	이름
오피스텔	8	오피스텔 매매 신고 조회 서비스
	9	오피스텔 전월세 신고 조회 서비스
단독/다가구	10	단독/다가구 매매 실거래 자료
	11	단독/다가구 전월세 자료
토지	12	토지 매매 신고 조회 서비스

[표 1-5] 부동산 OPEN API 공개 데이터 목록

이 중에서 상업 업무용 부동산 매매 데이터를 수집해 보겠습니다. 로그인을 하고 상업 업무용 부동산 매매 데이터 서비스 활용 버튼을 클릭하면, 개발 계정을 신청할 수 있습니다.

개발 계정을 등록하기 위해 시스템 유형, 활용 정보, 상세 기능 정보 등을 입력해야 합니다. 공공 데이터를 어떤 목적으로 활용하는지 파악하기 위한 설문 성격의 데이터이므로, 자신의 사용 목적에 맞는 항목으로 적당히 입력합니다.

개발 계정을 신청하고 나면 심의 후 API키가 발급됩니다. 상업 업무용 부동산 매매 데이터는 자동 승인으로, 신청하자마자 바로 API키를 확인할 수 있습니다. [마이페이지] - [OPEN API] - [개발계정] 메뉴에서 신청한 항목을 클릭하면 [그림 1-11]과 같이 일반 인증키(API키)를 확인할 수 있습니다.

[그림 1-11] 공공 데이터 API키 확인

해당 화면 하단에 보면 상세 기능 정보 항목이 있습니다. 여기서 미리보기 버튼을 클릭하면, 데이터를 잘 수집할 수 있는지 확인해 볼 수 있습니다.

servicekey에 발급받은 인증키를 넣고, '미리보기' 버튼을 클릭합니다. '99SERVICE ACCESS DENIED ERROR'라고 에러가 발생하면, 1시간 정도 기다린 후 다시 해 보기 바랍니다. API 사용 신청 정보가 공공 데이터 포털에서 해당 데이터를 제공하는 기관에 전달되어야 하는데, 이게 1시간 단위로 전달됩니다. 정상적으로 작동하면 '미리보기' 버튼 클릭 시 [그림 1-12]와 같이 데이터가 잘 수집되는 것을 웹 브라우저에서 확인할 수 있습니다.

[그림 1-12] API 테스트 결과

정상적으로 입력하였는데도 미리보기가 잘 되지 않는다면, URL을 직접 만들어 웹 브라우저에 입력해 봅니다. 웹 브라우저에 요청할 때는 UTF-8이 아닌 URL 인코딩으로 입력해야 합니다. 아래와 같이 quote 함수를 이용하면, URL 인코딩으로 변경할 수 있습니다.

```
from urllib.parse import quote
url_new=quote(url)
```

이제 데이터가 잘 수집되는 것을 확인하였으니, 파이썬 코드로 작성해 보겠습니다.

먼저 URL을 구성해야 합니다. URL은 미리보기를 한 웹 브라우저의 URL 창을 이용하는 것이 편리합니다. 데이터 수집을 위한 URL은 보통 '기본URL주소 ? 입력 파라미터

1=입력값 & 입력 파라미터2=입력값 & 입력 파라미터3=입력값…"으로 이루어져 있습니다. 우리가 미리보기를 한 URL에도 serviceKey, LAWD_CD, DEAL_YMD의 세 가지 입력 파라미터가 있습니다. 순서대로 인증키, 지역 코드, 거래 연월을 입력하면 됩니다. 지역 코드는 우편번호와 다른 지역을 분리하는 코드입니다. 이는 '1.5.2 부동산 실거래가 데이터 수집하기'에서 자세히 다루겠습니다.

파이썬에서 인터넷을 연결하기 위해서 urllib 패키지를 사용합니다. urlopen 함수를 이용하면, 지정한 URL과 소켓 통신을 할 수 있도록 자동 연결해 줍니다.

```
In[1]:    from urllib.request import urlopen

          API_KEY = "부여받은 인증키를 입력합니다"
          LAWD_CD = "11110"
          DEAL_YMD = "201512"

          url = "http://openapi.molit.go.kr/OpenAPI_ToolInstallPackage/
          service
          /rest/RTMSOBJSvc/getRTMSDataSvcNrgTrade?serviceKey={}&
          LAWD_CD={}&DEAL_YMD={}".format(API_KEY,LAWD_CD,DEAL_YMD)

          result = urlopen(url)
```

read 함수를 이용하면 수신한 데이터를 확인할 수 있습니다. 아래와 같이 xml 포맷으로 데이터를 수집한 것을 확인할 수 있습니다.

```
In[2]:    xml = result.read()
          print(xml)
Out[2]:
b'<?xml version="1.0" encoding="UTF-8" standalone="yes"?>
<response><header><resultCode>00</resultCode><resultMsg>NORMAL SERVICE.</
resultMsg></header><body><items><item><\xea\xb1\xb0\xeb\x9e\x98\xea\xb8\
x88\xec\x95\xa1>120,000 ...
```

xml 데이터에서 원하는 내용을 추출하기 위해서 BeautifulSoup라는 패키지를 이용합니다. BeautifulSoup는 HTML이나 XML 코드에서 원하는 데이터를 추출할 수 있도록 도와주는 패키지입니다. BeautifulSoup는 파이썬 아나콘다 배포판에 포함되지 않아 별도로 설치해야 합니다. 명령 프롬프트나 터미널 창에서 'pip install beautiful soup4'를 입력하면 설치할 수 있습니다. 사용할 때는 bs4로 입력하는데, 설치할 때는 beautifulsoup4로 입력해야 해서 헷갈리는 경우가 많습니다.

BeautifulSoup를 이용할 때는 어떤 방식으로 분석할지 방법을 지정해야 합니다. html 파일은 'html.parser'를, xml인 경우에는 'lxml-xml'을 이용하면 됩니다. 어떤 방법들이 있는지 더 궁금하다면, BeautifulSoup 공식 홈페이지(https://www.crummy.com/software/BeautifulSoup/bs4/doc/)를 찾아보기 바랍니다.

파싱하고 나면 바이트로 이루어진 한글도 텍스트로 확인할 수 있습니다.

```
In[3]:   from bs4 import BeautifulSoup

         xmlsoup = BeautifulSoup(xml, 'lxml-xml')
         print(xmlsoup)
Out[3]:
<?xml version="1.0" encoding="utf-8"?>
<response><header><resultCode>00</resultCode><resultMsg>NORMAL SERVICE.</
resultMsg></header><body><items><item><거래금액>120,000</거래금액><건물면적>
395</건물면적><건물주용도>제2종근린생활</건물주용도><건축연도>2001...
```

xml의 데이터는 태그로 이루어져 있습니다. 우리가 원하는 데이터는 item이라는 태그에 있습니다. 필요한 태그의 데이터를 추출하기 위해 findAll 함수를 사용합니다. filndAll은 입력한 태그가 있는 모든 정보를 찾아 줍니다. len 함수를 이용하여 총 35개의 데이터가 있는 것을 확인하였습니다.

```
In[4]:   xml_item = xmlsoup.findAll("item")
         len(xml_item)
```

Out[4]:
35

item 태그가 있는 데이터만 추렸다면 이제 for문을 이용해서 사용하려는 데이터를 레이아웃에 맞게 정리합니다. 각각의 item 태그에는 건별로 거래 금액, 건물 면적, 건물 주용도 등의 데이터가 들어 있습니다. 각각의 태그 정보를 추출하여 리스트 자료형으로 정리해 보았습니다.

tqdm 패키지를 이용하면 진행 상태를 쉽게 확인할 수 있습니다. for문의 in에 해당하는 객체에 tqdm 함수를 적용하기만 하면 됩니다.

```python
In[8]:    from tqdm import tqdm

          com_re = list()

          for t in tqdm(xml_item):
              price=t.find("거래금액").text
              bd_size=t.find("건물면적").text
              bd_use=t.find("건물주용도").text
              try:
                  built_ym=t.find("건축연도").text
              except:
                  built_ym=""
              buiit_y=t.find("년").text
              built_m=t.find("월").text
              bd_type=t.find("유형").text
              built_d=t.find("일").text
              lawd_cd=t.find("지역코드").text

              com_re.append([price, bd_size, bd_use, built_ym, buiit_y,
              built_m, bd_type, built_d, lawd_cd])

          com_re
Out[8]:
[['120,000', '395', '제2종근린생활', '2001', '2015', '12', '일반', '31',
```

```
     '11110'],
     ['483,000', '937', '제2종근린생활', '1990', '2015', '12', '일반', '15',
     '11110'],
     ['22,000', '31', '판매', '2007', '2015', '12', '집합', '10', '11110'],
     ['158,000', '276', '숙박', '1959', '2015', '12', '일반', '8', '11110'],
     ['158,000', '276', '숙박', '1959', '2015', '12', '일반', '8', '11110'], ...
```

수집한 데이터를 데이터베이스에 저장하는 것이 편리합니다. OPEN API를 이용해서 수집한 데이터를 데이터베이스에 저장하는 방법은 '1.4 수집한 데이터 저장하기'에서 알아보겠습니다.

1.3 웹 크롤링을 이용하여 데이터 수집하기

웹 크롤링을 이용하면 인터넷에 공개된 데이터를 자동화하여 수집할 수 있습니다. 이를 위해서는 인터넷에서 데이터를 송수신하는 방식과 웹 페이지 언어인 HTML, CSS, JAVASCRIPT에 대해 기초 지식을 알아 두는 것이 도움됩니다.

1.3.1 인터넷 데이터 송수신 방식

우리가 웹 브라우저로 URL을 입력하면, 입력한 URL의 웹 서버에 웹 페이지 정보를 요청합니다. 웹 서버는 요청을 받아, 웹 페이지 정보를 요청한 곳에 회신합니다. 회신된 웹 페이지 정보는 HTML이라는 언어로 되어 있습니다. 웹 브라우저가 이를 분석하여 우리 눈에 보이는 웹 페이지로 보여 줍니다.

인터넷에서 데이터를 송수신하는 방법은 이렇게 요청하고, 응답하는 구조로 되어 있습니다.

웹 브라우저에는 개발자 도구라는 메뉴가 있어, HTML 언어를 확인할 수 있습니다.

크롬 브라우저 메뉴의 [도구 더 보기] - [개발자 도구]를 선택하면 화면 우측에서 지금 페이지의 HTML 언어를 볼 수 있습니다. 혹시 아래와 같은 화면이 나오지 않는다면 개발자 도구를 선택한 후에 우측 화면의 상단 탭에서 'Elements'를 선택합니다.

[그림 1-13] 웹 페이지 HTML 언어

웹 서버에 웹 페이지 정보를 요청하는 방법은 여러 가지가 있습니다. 웹 크롤링을 위해서 GET 방식과 POST 방식에 대해서만 알아보겠습니다.

GET 방식

우리가 웹 서버에 웹 페이지를 요청할 때는 모두가 동일한 페이지를 요청할 수도 있지만, 검색과 같이 자신에게만 필요한 웹 페이지 정보를 요청할 수도 있습니다. GET 방식은 URL에 입력 파라미터를 넣어 전송하는 방법입니다. API를 이용하여 데이터를 요청할 때처럼 URL에 필요한 정보를 넣어서 전송합니다. 방식은 간편하지만, 너무 긴 텍스트는 보내기 어렵고 전송 데이터가 URL에 노출된다는 단점이 있습니다.

인터넷 검색도 GET 방식으로 데이터를 송수신합니다. '골든리트리버'를 검색하면 URL에 검색하고자 하는 단어가 포함되어 있습니다.

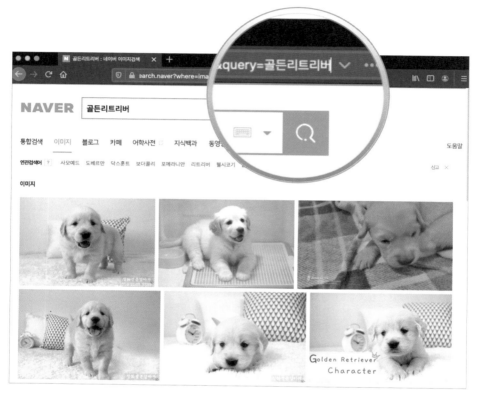

[그림 1-14] GET 방식

POST 방식

POST 방식은 URL에 포함되었던 정보를 요청 메시지 안에 넣어서 전송하는 방식입니다. GET 방식과 달리 긴 텍스트도 보낼 수 있고, 전송 데이터가 URL에 노출되지 않는다는 장점이 있습니다.

POST 방식을 확인하려면 크롬의 개발자 도구 화면에서 [Network] 탭을 이용해야 합니다. 여기서는 브라우저와 서버 간의 통신 과정을 살펴볼 수 있습니다. Network 탭 하단의 Method가 POST인 항목을 찾으면 됩니다. 해당 항목을 클릭하면, 우측 하단의 FormData에서 데이터를 요청한 내역을 확인할 수 있습니다.

1.3.2 HTML(Hyper Text Markup Language) 알아보기

HTML은 문서 간 이동이 자유로운 태그로 이루어진 언어입니다. 문서의 서식이나 필요한 기능들은 태그라는 것을 이용해서 나타냅니다. 태그는 <문자> ~ </문자>로 이루어져 있습니다. 이미지를 넣을 때는 문자에 해당하는 부분에 image의 약자인 img를 넣어서 사용하고, 문자를 굵게 하고 싶을 때는 bold의 약자인 b를 넣어서 사용합니다.

원하는 데이터를 추출하기 위해 이 태그 정보를 이용하므로, HTML 태그를 조금 아는 것이 도움이 됩니다.

HTML 문서 기본 구조

HTML 문서는 <!doctype>과 <html>, <head>, <body>의 네 가지 태그로 문서의 시작과 끝을 표시합니다.

<!doctype>은 현재 문서의 종류를 나타내는 태그로, <!doctype html>은 HTML5 언어로 작성된 웹문서를 의미합니다. <html>~</html>은 웹 페이지의 시작과 끝을 나타냅니다. <head>~</head>는 웹 브라우저가 웹 페이지를 해석하기 위해 필요한 정보들이 있는 영역입니다. 여기에 있는 내용은 제목만 브라우저 창에 나타나고 나머지는 표시되지 않습니다. <body>~</body>는 본문에 해당하는 내용입니다. 실제 웹 브라우저에 나타나는 내용들이 있는 곳입니다.

메모장에서 아래에 있는 HTML 코드를 입력하고, 'test.html'로 저장한 후 웹 브라우저에서 열면 HTML 코드가 화면에 어떻게 보이는지 알 수 있습니다.

```html
<html>
<head>
    <title>안녕하세요.</title>
</head>
<body>
    <h2>잘 지내셨어요?</h2>
    <b>만나서 반갑습니다.</b>
    <br><br>
    <img src="./images/sun.jpg"><img>
</body>
</html>
```

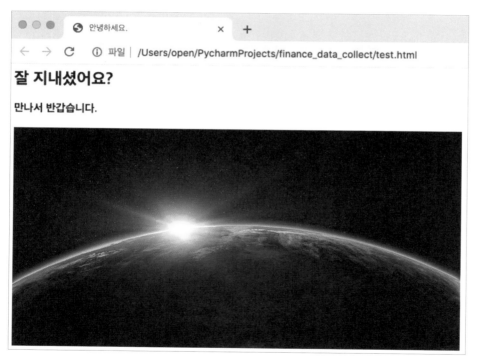

[그림 1-15] HTML 코드를 웹 브라우저에서 확인한 화면

태그의 구조

HTML 태그는 태그 이름과 속성, 내용으로 이루어집니다. 웹 페이지를 크롤링한 후 필요한 부분을 추출할 때는 이 태그나 속성, 내용을 가지고 찾아냅니다.

<문자>로 묶인 부분이 HTML 태그입니다. 대부분의 태그가 여는 태그와 닫는 태그의 쌍으로 이루어져 있습니다. 닫는 태그는 </문자>로 작성하는데, 여는 태그와 닫는 태그 사이를 적용 범위로 인식합니다. <img>나
처럼 닫는 태그가 필요 없는 것도 일부 있습니다.

속성은 태그에 여러 가지 기능을 추가하기 위해 입력합니다. <태그 이름 속성1="속성값" 속성2="속성값" …>의 형태로 입력합니다. 예를 들어 글자의 폰트를 지정하려면 font 태그를 사용합니다. 이때 폰트의 크기나 색깔 등을 속성으로 입력할 수 있습니다. 태그마다 사용할 수 있는 속성은 다릅니다.

내용은 웹 브라우저에서 우리에게 보이는 텍스트입니다.

HTML 코드로 '파이썬으로 금융 데이터 수집하기'를 글자 크기 10, 글자색은 파란색으로 작성한다면, 아래와 같이 작성하면 됩니다.

```
<font size="10" color="blue">파이썬으로 금융 데이터 수집하기</font>
```

텍스트를 처리하는 태그 - <h 숫자>, <p>,

<h 숫자> 태그는 HTML 문서 안에서 제목을 나타낼 때 사용되는 태그입니다. 다른 텍스트보다 진하고 크게 표시됩니다. 크기에 따라 <h1>~<h6>까지 사용할 수 있습니다. h1이 가장 크고, h6가 가장 작게 보입니다.

```
예시) <h1> 이것은 제목입니다. </h1>
```

<p> 태그는 문서에서 단락을 나눌 때 사용하는 태그입니다. <p> 태그의 앞뒤로 줄 바꿈이 일어납니다. 텍스트를 표시할 때 가장 많이 사용되는 태그이며, <p> 태그와 함께 속성을 입력하여 단락별로 서식을 지정할 수 있습니다.

예시) <p> 문서의 단락입니다. </p>

 태그는 줄 바꿈을 하는 태그입니다. 줄을 바꾸고 싶은 위치에
 태그를 입력하면 됩니다.
 태그는 닫는 태그가 없습니다.

예시)

표를 그리는 태그 - <table>, <tr>, <td>, <th>

HTML 문서에서 표를 그릴 때는 표의 영역을 태그로 지정해 주어야 합니다. 표의 전체 윤곽을 지정하고, 제목과 행, 셀을 태그로 지정하여 표를 그립니다. 셀은 행과 열로 나눈 각각의 영역을 말합니다.

<table> 태그는 표의 전체 윤곽을 지정하는 태그입니다. 표의 전체 윤곽을 지정하고, 그 안에 필요한 만큼의 행과 셀을 추가합니다.

<tr> 태그는 행을 만드는 태그입니다. <td> 태그는 행 안에 셀을 만드는 태그입니다. 표를 그릴 때 보통 행과 열의 개수를 정하지만, HTML에서는 행을 그리고 그 안에 셀이 몇 개 들어갈지를 정합니다. 행 안에 셀의 개수가 다르면, 열이 어그러진 표가 그려집니다. 각 셀에 들어갈 내용은 <td> 태그 안에 텍스트로 넣습니다.

<th> 태그는 표의 제목을 넣는 태그입니다. <td> 태그 대신 사용하면, 다른 글자보다 굵고 내용이 셀의 중앙에 위치하게 됩니다.

```
<table border="1">
    <tr>
        <th>칼럼1</th>
        <th>칼럼2</th>
        <th>칼럼3</th>
    </tr>
    <tr>
        <td>1행 1열</td>
        <td>1행 2열</td>
        <td>1행 3열</td>
    </tr>
</table>
```

[그림 1-16] HTML 표

링크를 나타내는 태그 - <a>

<a> 태그는 내용에 링크를 추가하는 태그입니다. 링크는 HTML 문서의 가장 큰 특징 중 하나입니다. 클릭을 통해 문서가 연결된 곳으로 바로바로 이동할 수 있습니다. 링크는 텍스트에 추가할 수도 있고, 이미지에 추가할 수도 있습니다. href 속성에 링크할 주소를 입력합니다.

예시 1) <a href="https://www.data.go.kr> 공공 데이터 포털로 이동</a>

예시 2) <a href="https://www.data.go.kr>
        <img src="sun.jpg">
        </a>

이미지를 나타내는 태그 - <img>

img 태그는 이미지를 추가하는 태그입니다. src 속성에 이미지 파일의 경로나 주소를 넣어서 화면에 이미지를 나타낼 수 있습니다. 크롤링으로 이미지를 다운로드받고 싶다면, img 태그의 src 속성값을 가져오면 됩니다.

```
예시) <img src="sun.jpg">
```

화면의 레이아웃을 지정하는 태그 - <div>

div 태그는 화면의 레이아웃을 만들 때 사용하는 태그입니다. style 속성을 이용하여, 배경색이나 글자색, 크기 등을 다르게 적용할 수 있습니다. 웹 페이지에서 자주 보는 태그 중 하나입니다.

```
예시)
<div style="background-color:blue; color:yellow">첫번째 영역입니다.</div>
<div style="width:100px; height:50px; background-color:green; color:white">
두번째 영역입니다.</div>
<div style="width:50px; height:50px; background-color:yellow">세번째 영역
</div>
```

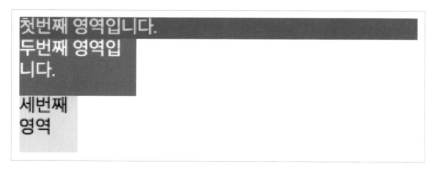

[그림 1-17] HTML div 태그

다른 웹 페이지를 보여 주는 태그 - <iframe>

iframe 태그는 영역을 정해 다른 웹 페이지를 보여 주고 싶을 때 사용하는 태그입니다. 이 경우 iframe에 있는 주소에 접근해야 실제 원하는 데이터를 얻을 수 있습니다.

```html
<html>
<head>
</head>
<body>
    <h2>BJ퍼블릭입니다.</h2>
    <iframe style="width:600pt;height:300pt" src="http://www.bjpublic.
    co.kr/"> </iframe>
    </body>
</html>
```

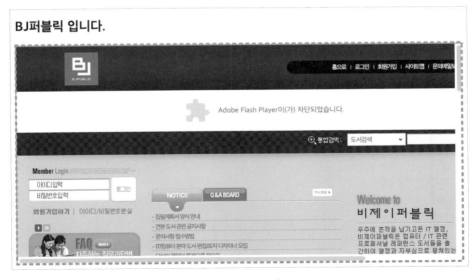

[그림 1-18] iframe 태그

1.3.3 **CSS(Cascading Style Sheets) 알아보기**

CSS(Cascading Style Sheets)는 색상이나 크기, 레이아웃 등 웹 페이지 디자인을 담당하는 역할을 합니다. 물론 HTML에서 이 작업을 할 수도 있습니다. 하지만, CSS를 이용하면 디자인을 따로 분리할 수 있어, 웹 페이지를 디자인하고 수정하기가 더 수월해집니다.

CSS에서는 글꼴이나 색상, 배치 방법 등의 속성을 미리 '스타일'로 정의합니다. 한 문서에서 계속해서 사용되는 스타일들을 모아 놓은 것을 '스타일 시트'라고 합니다. CSS는 가장 많이 사용되는 스타일 시트입니다.

스타일 정보는 <style>~</style> 태그 사이에 작성합니다. HTML 문서를 웹 브라우저에 보여 주기 전에 알아야 하므로 <head> 태그 안에 정의합니다.

'선택자(selector)'를 이용해 스타일 속성을 어디에 적용할지 표시합니다.

스타일 구조

스타일은 '선택자 { 스타일 속성: 값; }'의 형식으로 작성합니다.

```
예시) p { text-align: center; }
```

```
<!DOCTYPE html>
<head>
<style>
p
{
    font-size: 24px;
    color: orange;
}
</style>
</head>
```

```
<body>
    안녕하세요.
    <p>스타일이 적용된 부분입니다.</p>
</body>
</html>
```

안녕하세요.

스타일이 적용된 부분입니다.

[그림 1-19] CSS를 적용한 웹페이지 예시

클래스와 아이디 선택자

스타일의 속성을 적용하려면 선택자(selector)를 지정합니다. 선택자는 전체·태그·클래스·아이디 선택자가 있습니다. 전체 선택자는 모든 요소에 스타일을 적용합니다. 태그 선택자는 특정 태그에 스타일을 적용합니다. 크롤링할 때 중요한 건 클래스와 아이디 선택자입니다. 이 선택자를 이용해서 원하는 값을 추출할 수 있기 때문입니다.

클래스 선택자는 특정 그룹에 스타일을 적용할 때 사용합니다. 태그 선택자를 이용하면 해당 태그가 사용된 모든 요소에 스타일이 적용됩니다. 하지만, 같은 태그라도 스타일을 다르게 주고 싶다면 클래스 선택자를 이용합니다.

클래스 선택자를 만들 때는 클래스 이름 앞에 점(.)을 붙입니다. 태그 선택자와 구별하기 위한 방법입니다.

아이디 선택자는 특정 요소에 스타일을 적용할 때 사용합니다. 클래스 선택자는 웹문서 안에서 여러 번 반복해서 적용할 수 있지만, 아이디 선택자는 한 번만 적용할 수 있습니다.

아이디 선택자를 만들 때는 아이디 이름 앞에 #을 붙입니다.

여기서 선택자를 만드는 방법까지 알 필요는 없습니다. 이런 개념이라는 것만 알고 크롤링할 때 이용하면 됩니다.

```
<!DOCTYPE html>
<head>
<style>
p
{
    font-size: 20px;
    color: orange;
}
.bluetext {
    font-size: 14px;
    color: blue;
}
#redtext {
    color: red;
}
</style>
</head>
<body>
    안녕하세요.
    <p>태그 선택자로 스타일을 적용하였습니다. </p>
    <p class="bluetext">클래스 선택자로 스타일을 적용하였습니다. </p>
    <p id="redtext">아이디 선택자로 스타일을 적용하였습니다. </p>
    <p class="bluetext">다시 클래스 선택자로 스타일을 적용하였습니다. </p>
</body>
</html>
```

안녕하세요.

태그 선택자로 스타일을 적용하였습니다.

클래스 선택자로 스타일을 적용하였습니다.

아이디 선택자로 스타일을 적용하였습니다.

다시 클래스 선택자로 스타일을 적용하였습니다.

[그림 1-20] 클래스와 아이디 선택자

1.3.4 자바스크립트(Java Script) 알아보기

자바스크립트는 프런트엔드(Front-End) 개발 언어입니다. 프런트엔드 개발 언어를 이해하기 위해서, 웹 페이지에서 사용자의 입력을 받는 방법을 생각해 보겠습니다.

웹 페이지에서 사용자가 입력하면, 프런트엔드(Front-End)에서 처리하는 방법과 백엔드(Back-End)에서 처리하는 방법, 2가지가 있습니다.

우리가 뭔가 입력하면 앞에서 설명한 GET이나 POST 방식으로 웹 서버에 데이터를 요청합니다. 웹 서버가 처리한 결과를 회신하면, 우리는 입력한 결과를 볼 수 있습니다. 이렇게 처리하는 방법이 백엔드(Back-End)에서 처리하는 것입니다.

프런트엔드는 사용자의 입력을 웹 서버까지 보내지 않고, 브라우저 단에서 처리하고 결과를 보여 줍니다. 데이터가 웹 서버까지 가지 않으므로 속도가 빠르고 간편합니다. 움직임이 없는 웹 페이지에 동작을 부여하는 것도 가능합니다.

자바스크립트가 이용된 웹 페이지의 내용은 동적으로 변경됩니다. 이런 경우 웹 페이지를 크롤링하면, 크롬 개발자 도구로 확인한 웹 페이지 소스와 크롤링 결과가 서로 다룹니다. 크롬 개발자 도구는 자바스크립트로 동적 생성이 완료된 페이지를 보여주지만, 크롤링은 생성이 완료되기 전에 웹 페이지 소스를 수집했기 때문입니다. 이런 경우에는 셀레늄(selenium) 패키지를 이용해야 원하는 데이터를 수집할 수 있습니다.

지금은 잘 이해되지 않을 수 있지만, 동적인 웹 페이지는 셀레늄 패키지를 이용해서 데이터를 수집한다고 이해하면 됩니다. 자세한 방법은 '1.3.7. 셀레늄(selenium)을 이용해서 웹 크롤링하기'에서 설명하겠습니다.

자바스크립트는 <script>~</script> 사이에 작성합니다. <head> 태그 영역이나 <body> 태그 영역에 선언해도 되지만, 대부분 <head> 태그 영역에 선언합니다.

2개의 숫자를 더하는 자바스크립트 예제를 작성해 보았습니다. 내용을 구체적으로 알 필요는 없고, 이런 게 있다는 점만 참고하세요.

```html
<!DOCTYPE html>
<html>
    <head>
        <meta charset="UTF-8">
        <script type = "text/javascript" charset="utf-8">
            function plus()  {
                a = Number(a.value.replace(",",""))
                b = Number(b.value.replace(",",""))
                c.value = a + b
            }
        </script>
    </head>
    <body>

        <form accept-charset=utf-8>
            <label for="a">a를 입력하세요.</label>
            <input type="text" id="a" style="font-size:16px;text-
            align:right;" size="19"></input>
            <br>
```

```
            <label for="b">b를 입력하세요.</label>
            <input type="text" id="b" style="font-size:16px;text-
            align:right;" size="19"></input>
            <br><br>
            <input type="button" value="더하기" onclick="plus()"></input>
            <br><br>
            <label for="c">a와 b의 합계</label>
            <input type="number" id="c" style="font-size:16px;text-
            align:right;"></input>
        </form>
    </body>
</html>
```

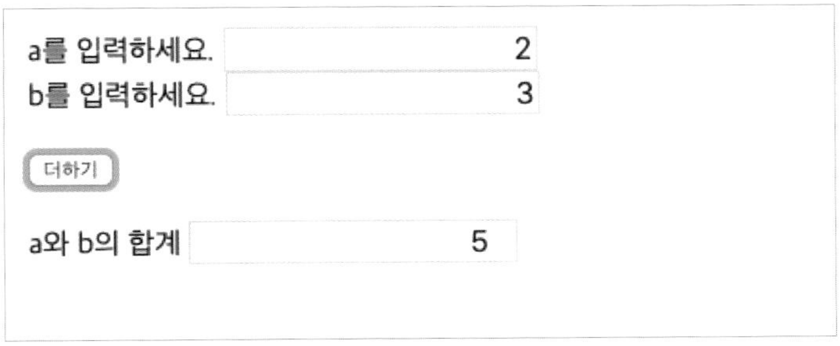

[그림 1-21] 자바스크립트 예제

1.3.5 urllib 패키지를 이용하여 웹 크롤링하기

urllib 패키지는 웹의 URL로 작업하기 위한 기능들을 모아 놓은 패키지입니다. 파이썬 웹 크롤링을 할 때 가장 먼저 접하는 패키지로, 많은 크롤링 예제가 urllib 패키지를 이용합니다.

urllib 패키지로 크롤링하는 프로세스는 아래와 같습니다.

1. 크롤링하려는 URL의 웹사이트를 엽니다. 데이터를 가져와야 해서 가져오려는 곳의 문을 연다고 생각하면 됩니다. 접속한다고 쓸 수도 있지만, 이때 사용

하는 함수가 urlopen이라 문을 연다고 표현해 보았습니다.

2. 웹 페이지 소스를 가져옵니다. 문을 열고 나서는 필요한 데이터를 가져와야 합니다. 이때 필요한 정보만 발췌해서 가져오는 것은 안 되고, 해당 페이지의 전체 소스를 가져온 다음에 필요한 부분만 발췌해야 합니다.

3. 필요한 데이터를 찾습니다. HTML의 태그나 클래스, 아이디 선택자를 이용해서 필요한 데이터만 가져옵니다. 필요한 곳의 데이터를 가져올 때 beautifulsoup라는 패키지를 이용합니다.

FnGuide에서 운영하는 Company Guide 웹사이트에서는 기업의 재무제표 데이터를 제공합니다. 웹 크롤링을 이용해서 삼성전자의 재무제표 데이터를 수집해 보겠습니다.

Company Guide(http://comp.fnguide.com)에 접속하면, 삼성전자의 정보들이 나옵니다. 여기서 [기업 정보] - [재무제표]를 선택하면, 해당 기업의 재무제표를 확인할 수 있습니다. 이때 종목 코드에 해당하는 A005930의 뒤의 주소는 불필요하므로 제외하고 웹 브라우저에 입력합니다. 재무제표에 해당하는 부분만 확인할 수 있습니다.

▪ URL: http://comp.fnguide.com/SVO2/ASP/SVD_Finance.asp?pGB=1&gicode=A005930

파이썬에서 해당 URL에 접속합니다. urlopen 함수로 웹 페이지에 접속하고, read 함수를 이용해 웹 페이지 소스를 가져옵니다.

```
In[1]:  from urllib.request import urlopen

        URL = "http://comp.fnguide.com/SVO2/ASP/SVD_Finance.
        asp?pGB=1&gicode=A005930"

        req = urlopen(URL)
        html = req.read()
```

이제 HTML 소스에서 필요한 데이터만 발췌합니다. 크롬 브라우저의 개발자 도구를 이용해서, 해당 영역의 HTML 코드가 어떻게 작성되었는지 확인합니다. 윈도우는 키보드의 F12를 눌러도 되고, 메뉴의 [도구 더 보기] - [개발자 도구]를 클릭해도 됩니다.

[그림 1-22]와 같이 웹 브라우저 우측에 개발자 도구가 열립니다. Elements 탭에서 웹 페이지 소스를 확인할 수 있습니다. 여기서 좌측 상단의 화살표 모양을 클릭합니다. 이제 마우스 커서를 웹 페이지에 가져가면 커서가 있는 위치가 파란색 영역으로 표시됩니다. 이때 마우스를 클릭하면 해당 영역의 HTML 소스 위치로 이동합니다.

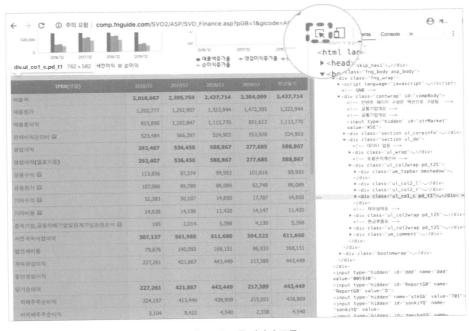

[그림 1-22] 크롬 개발자 도구

제일 위에 있는 포괄 손익 계산서의 표를 찍으니, HTML 소스의 <div class="ul_col_c_pd_t1">의 위치로 이동합니다. (마우스를 클릭하는 위치에 따라서 이동한 HTML 소스 위치는 약간 다를 수 있습니다.) div 태그는 화면의 레이아웃을 잡는 태그로, 우리가 원하는 표는 아닙니다.

div 태그 밑의 내용을 살펴보면 <table class="us_table_ty1 h_fix zigbg_no">를 확인할 수 있습니다. table 태그이므로, 표를 나타내는 곳입니다. 내용을 살펴보면 우리가 원하는 포괄 손익 계산서가 있는 곳임을 알 수 있습니다.

해당 데이터를 가져오기 위해서 beautifulsoup로 웹 페이지를 분석합니다. HTML 소스를 분석할 때는, html.parser를 분석 방법으로 지정합니다.

```
In[2]:   from bs4 import BeautifulSoup

         soup = BeautifulSoup(html, 'html.parser')
```

이제 위에서 찾은 태그가 있는 위치를 찾아야 합니다. HTML 소스의 특정 위치를 찾으려면 find로 시작하는 함수를 사용합니다. 가장 많이 사용되는 함수는 find와 find_all 2가지가 있습니다. find 함수는 조건을 만족하는 태그 중 가장 앞에 있는 하나를 찾아 주고, find_all 함수는 조건을 만족하는 모든 태그를 찾아 줍니다.

조건을 입력하는 가장 쉬운 방법은 태그명을 입력하는 것입니다. 아래와 같이 입력하면 table 태그를 찾아 줍니다.

```
In[2]:   soup.find("table")
soup_table_all = soup.find_all("table")
```

find 함수로 찾으면 하나의 값만 들어 있어, 바로 사용할 수 있습니다. 하지만, find_all 함수는 여러 개의 값이 있어 인덱싱해야 합니다. len 함수를 이용하면, 이 HTML 소스에는 6개의 table 태그가 있는 것을 알 수 있습니다.

```
In[4]:   len(soup_table_all)
Out[4]:
6
```

원하는 순서의 table 태그를 추출하려면 [숫자]를 뒤에 입력하면 됩니다. 파이썬의 리스트 자료형을 이용할 때와 동일합니다. 첫 번째 table 태그를 사용하고 싶다면, [0]을 뒤에 붙이면 됩니다.

```
In[5]:   soup_table_all[0]
Out[5]:
table class="us_table_ty1 h_fix zigbg_no">
<caption class="cphidden">포괄손익계산서</caption>
<colgroup>
<col style="width: 35%;"/>
<col/>
<col/>
 ...
```

태그로만 특정 정보를 찾기 어렵다면, 클래스와 아이디 선택자를 이용합니다. 손익 계산서가 있는 태그에는 클래스 선택자가 'us_table_ty1 h_fix zigbg_no'로 지정되어 있습니다. 클래스 선택자를 이용할 때는 attrs라는 입력 변수에 값을 넣습니다. 입력 변수의 값은 딕셔너리 자료형으로 넣으면 됩니다. 클래스 선택자와 태그명을 같이 입력해도 됩니다.

```
In[7]:   soup.find(attrs={"class":"us_table_ty1 h_fix zigbg_no"})
         soup_table = soup.find("table", attrs={"class":"us_table_ty1 h_fix
         zigbg_no"})
```

데이터 분석을 위해서 판다스의 데이터 프레임으로 표의 데이터를 변경합니다. table 태그는 표의 내용이 <tr> · <td> · <th> 태그로 이루어져 있으므로, 이를 이용해서 데이터 프레임으로 만들 수도 있습니다. 하지만 html_table_parser라는 패키지를 이용하면 함수 하나로 변경이 가능합니다. html_table_parser를 설치하면 beautifulsoup가 되지 않을 수 있습니다. 이때는 pip uninstall beautifulsoup4로 제거하고, 다시 설치하면 됩니다.

html_table_parser 패키지의 make2d 함수를 이용하면, 표의 데이터가 행 단위로 리스트 자료형으로 반환됩니다. 이를 이용해서 판다스 데이터 프레임으로 변환하였습니다.

```
In[8]:    from html_table_parser import parser_functions as parser
          import pandas as pd

          table = parser.make2d(soup_table)
          df = pd.DataFrame(table[1:], columns=table[0])
          df.head()
Out[8]:
```

	IFRS(연결)	2016년 12월	2017년 12월	2018년 12월	2019년 09월	전년 동기	전년 동기(%)
0	매출액	2,018,667	2,395,754	2,437,714	1,705,161	1,845,064	-7.6
1	매출 원가	1,202,777	1,292,907	1,323,944	1,086,850	983,784	10.5
2	매출 총이익	815,890	1,102,847	1,113,770	618,311	861,279	-28.2
3	판매비와 관리비 계산에 참여한 계정 펼치기	523,484	566,397	524,903	412,229	380,419	8.4
4	인건비	59,763	67,972	64,514	49,271	47,869	2.9

[표 1-6] 손익 계산서 크롤링 결과

이제 URL(http://comp.fnguide.com/SVO2/ASP/SVD_Finance.asp?pGB=1&gicode=A005930)에서 A 뒤의 6자리 종목 코드만 변경하면 다른 종목의 재무제표 정보도 수집할 수 있습니다.

크롤링할 때 네트워크 오류나 서버 응답 지연으로 에러가 발생할 수 있습니다. 이렇게 에러가 발생한 건은 별도로 찾아서 다시 수집해야 합니다. 이를 방지하기 위해 네트워크 오류가 발생하는 경우에 여러 번 시도하도록 하는 것이 편리합니다. 앞의 코드를 함수로 만들고, HTTPError가 발생하는 경우에는 3번까지 다시 시도하도록 예외 처리 구문을 추가하였습니다.

```python
from urllib.error import HTTPError
import logging
import time

def collect_sheet(code, try_cnt):
    try:
        URL = "http://comp.fnguide.com/SVO2/ASP/SVD_Finance.
        asp?pGB=1&gicode={}".format(code)

        req = urlopen(URL)
        html = req.read()
        soup = BeautifulSoup(html, 'html.parser')
        soup_table_all = soup.find_all("table")
        soup.find(attrs={"class":"us_table_ty1 h_fix zigbg_no"})
        soup_table = soup.find("table", attrs={"class":"us_table_ty1 h_fix
        zigbg_no"})
        table = parser.make2d(soup_table)
        df = pd.DataFrame(table[1:], columns=table[0])

        return df

    except HTTPError as e:
        if try_cnt>=3:
            logging.warning(e)
            return None
        else:
            time.sleep(3)
            collect_div(corp_code,try_cnt=+1)
```

1.3.6 requests 패키지 이용해서 웹 크롤링하기

urllib은 파이썬에 기본 내장된 모듈입니다. requests 패키지는 urllib보다 더 편리하게 웹의 URL로 작업하기 위해 개발된 패키지입니다. GET과 POST 방식을 지정할 수 있으며, 입력 파라미터는 딕셔너리 자료형을 이용해서 추가합니다. 별도의 헤더 옵션을 추가하거나, 쿠키 정보를 심어서 보내는 것도 간단히 할 수 있습니다. json 모듈을 사용하지 않더라도, json 코드를 해석할 수 있다는 장점도 있습니다.

위에 urllib 모듈로 수집한 데이터를 requests 모듈을 이용하면 아래와 같이 작성하면 됩니다.

```
import requests

input_data = {"pGB":1, "gicode":"A005930"}
result = requests.get("http://comp.fnguide.com/SVO2/ASP/SVD_Finance.asp",
data=input_data)
print(result.text)
```

html이라면 text 변수를 json 코드라면 json()를 호출하여, 응답값을 확인할 수 있습니다. Requests 패키지의 자세한 사용 방법은 공식 홈페이지(https://requests.read thedocs.io/)를 참조하기 바랍니다.

1.3.7 셀레늄(selenium)을 이용해서 웹 크롤링하기

셀레늄은 웹 테스트 자동화를 위한 도구입니다. 웹 페이지의 요소들을 클릭하거나 텍스트를 입력할 수 있고, HTML 소스도 받을 수 있습니다. 그래서 웹 크롤링에도 사용할 수 있습니다. 특히, 동적으로 변하는 웹 페이지 데이터를 수집할 수 있어 유용합니다.

셀레늄을 사용하려면 웹 드라이버를 설치해야 합니다. 인터넷 익스플로러, 크롬, 사파리 등 각각의 브라우저별로 웹 드라이버가 있습니다. 여기서는 크롬 웹 드라이버를 설치하여 진행하겠습니다.

- 크롬 웹 드라이버 다운로드 주소: https://chromedriver.chromium.org/downloads

크롬 웹 드라이버를 다운로드받을 때는 크롬 브라우저와 동일한 버전으로 받아야 합니다. 크롬 브라우저의 버전은 '도움말' - 'Chrome 정보'로 들어가면 알 수 있습니다.

크롬 웹 드라이버는 어느 폴더에 두어도 상관없지만, 편의상 크롬 브라우저가 설치된 폴더에 저장하는 것이 편리합니다.

다음으로 셀레늄 패키지를 설치합니다. 'pip install selenium'을 실행하여 셀레늄 패키지를 설치할 수 있습니다. 크롬 웹 드라이버와 셀레늄 패키지를 설치했다면, 이제 파이썬에서 웹 브라우저를 실행할 수 있습니다.

```
In[1]:    from selenium import webdriver

          browser = webdriver.Chrome('/Applications/chromedriver')
```

webdriver 모듈의 Chrome 함수에 'chromedriver 폴더 위치+chromedriver 파일명'을 위와 같이 입력하면, 크롬 브라우저가 실행됩니다.

주식 배당 데이터를 수집하면서 셀레늄을 이용한 데이터 수집 방법에 대해서 알아보겠습니다. 증권 정보 포털인 SEIBro에서는 배당주에 대한 데이터를 제공합니다. API로도 제공하지만, 법인만 사용이 가능하고 개인은 사용할 수 없습니다. 그래서 배당주 데이터를 검색할 수 있는 웹 페이지에서 데이터를 수집하려고 합니다. 해당 페이지는 자바스크립트가 사용되어 urllib 패키지로는 수집하기가 어렵습니다.

SEIBro(http://www.seibro.or.kr)에 접속하여, 상단 메뉴의 [주식] - [배당 정보] - [배당 순위]를 클릭하면 배당 정보를 확인할 수 있습니다. 조회 기간 2018년으로 검색하면 페이지 수 기준 95페이지의 배당 정보를 확인할 수 있습니다.

셀레늄에서 특정 URL의 웹 페이지에 접속하려면 get 함수를 이용합니다. 크롬 브라우저에서 이미 해당 ULR로 이동했다면, 다시 이동할 필요는 없습니다.

```
In[2]:   browser.get("http://www.seibro.or.kr/websquare/control.jsp?w2xPath=
         /IPORTAL/user/company/BIP_CNTS01042V.xml&menuNo=286#")
```

이동한 페이지에서 조회 기간은 2018년으로 설정되어 있고, 조회 버튼을 클릭해야 합니다. 직접 버튼을 클릭해도 되고, 파이썬에서 코드를 작성해서 버튼을 클릭해도 됩니다. 해당 버튼의 HTML 소스를 살펴보면, img 태그가 연결된 것을 알 수 있습니다. 셀레늄은 beautifulsoup과 다르게 태그명, 클래스·아이디 선택자를 찾는 함수가 모두 따로 있습니다. find_element_by_id() 함수를 이용해서 해당 위치를 찾고, click() 함수를 호출하면 조회 버튼을 클릭할 수 있습니다.

```
In[3]:   search_btn = browser.find_element_by_id("image1")
         search_btn.click()
```

배당주 데이터는 표로 조회됩니다. 크롬 개발자 도구를 이용해서 표의 위치를 찾아보면, 아이디 선택자 grid1_body_table의 table 태그가 원하는 위치임을 알 수 있습니다. 이제 browser 객체에 page_source값을 호출해서 HTML 소스를 얻습니다. 그리고, beautifulsoup를 이용해서 HTML 소스를 파싱한 후 원하는 위치의 값을 찾습니다. 판다스 데이터 프레임으로 변환하기 위해 html_table_parser를 이용합니다.

```
In[8]:   html = browser.page_source

         from bs4 import BeautifulSoup
         from html_table_parser import parser_functions as parser
         import pandas as pd

         soup = BeautifulSoup(html, "html.parser")
         table = soup.find("table", attrs={"id":"grid1_body_table"})
         p = parser.make2d(table)
```

```
        df = pd.DataFrame(p[2:],columns=p[1])
        df.head()
```
Out[8]:

	순위	종목 코드	종목명	주식종류	시장구분	주당배당금	시가배당률	액면가배당률	액면가	결산월
0	1	003415	쌍용양회공업1우	우선주	유가증권시장	1,100	244.80	38.00	1,000	12
1	2	003410	쌍용양회공업	보통주	유가증권시장	1,090	204.50	37.00	1,000	12
2	3	155900	바다로19호선박투자회사	보통주	유가증권시장	27	12.70	7.00	5,000	12
3	4	172580	하이골드오션12호국제선박투자회사	보통주	유가증권시장	0	9.22	4.91	5,000	12
4	5	004800	효성	보통주	유가증권시장	5,000	8.40	100.00	5,000	12

이제 페이지를 이동하면서 table 태그의 데이터를 수집합니다. 수집한 후에는 데이터 프레임으로 변경하고 기존 데이터와 합칩니다. 웹 페이지에는 다음 버튼이 있습니다. 이 버튼을 클릭해서 다음 페이지로 넘어가도록 합니다. 해당 태그의 아이디는 'cntsPaging01_next_btn'입니다. 아이디 선택자로 해당 태그를 찾고, click 함수로 클릭합니다. 태그를 찾지 못하는 경우가 발생해서, 2초 간격으로 총 3번 시도할 수 있게 예외 처리를 하였습니다.

```
try:
    next_btn = browser.find_element_by_id("cntsPaging01_next_btn")
    next_btn.click()
except:
    time.sleep(2)
    try:
        next_btn = browser.find_element_by_id("cntsPaging01_next_btn")
        next_btn.click()
    except:
        time.sleep(2)
        next_btn = browser.find_element_by_id("cntsPaging01_next_btn")
        next_btn.click()
```

셀레늄은 파이썬 코드로 웹 브라우저를 조정하므로, 페이지 로딩 시간이 필요한 경우가 있습니다. 다음 버튼을 누르면 페이지 로딩이 시작됩니다. 데이터를 정상적으로 수집하기 위해서 로딩이 끝난 후에 데이터를 수집해야 합니다. 그래서, 2가지를 확인합니다.

하나는 아래 진하게 처리된 페이지 번호가 바뀌었는지 확인합니다. 웹 페이지 하단에 페이지 번호가 진하게 된 숫자는 "w2pageList_control_label w2pageList_label_selected"라는 클래스 선택자를 가지고 있습니다. text 변수를 호출하면, 해당 태그의 값을 알 수 있습니다.

다음으로 테이블 정보가 바뀌었는지 확인합니다. 그리고 종료 시점을 알기 위해, HTML 테이블 태그 정보를 previous_table이라는 변수에 저장하였다가 값의 변화가 있는지 없는지 확인합니다.

위의 2가지 정보가 모두 바뀌지 않았다면, 바뀔 때까지 1초 간격으로 3번 시도합니다. 3번을 초과하면, -1값을 회신하고 반복문을 종료시킵니다.

```python
def get_html(browser, cnt):

    if cnt>=4:
        return -1, -1

    html = browser.page_source
    soup = BeautifulSoup(html, 'html.parser')

    cur_no = soup.find("a", attrs={"class":"w2pageList_control_label
    w2pageList_label_selected"})
    cur_no = cur_no.text

    table = soup.find("table", attrs={"id": "grid1_body_table"})

    if cur_no!=prev_no and prev_table!=table:
        return cur_no, table
    else:
        time.sleep(1)
        get_html(browser, cnt+1)

cur_no, table = get_html(browser, 1)

if cur_no== -1:
```

```
        print("\n종료. 테이블 정보가 바뀌지 않았습니다.")
        break
```

새로 수집한 테이블 데이터를 판다스 데이터 프레임으로 변환한 후에 이전 데이터와 합칩니다.

```
p=parser.make2d(table)
temp=pd.DataFrame(p[2:],columns=p[1])
df = pd.concat([df, temp],0)
```

for문을 이용해서 웹 서버에 반복적으로 접속하면, 사람이 할 수 있는 것보다 훨씬 빠른 속도로 데이터를 요청하게 됩니다. 웹 서버에서는 이를 부정적인 방법으로 데이터를 요청하는 것으로 판단하여 IP 주소를 차단하는 등의 조치를 합니다. 그래서 for문의 마지막에 time 모듈의 sleep 함수를 이용해서 3~5초 간 쉬도록 해 줍니다.

전체 코드를 확인해 보면, 아래와 같습니다. 마지막에 데이터 프레임을 엑셀로 저장하였습니다.

```
# coding = utf-8

from selenium import webdriver

browser = webdriver.Chrome('/Applications/chromedriver')

browser.get("http://www.seibro.or.kr/websquare/control.jsp?w2xPath=/
IPORTAL/user/company/BIP_CNTS01042V.xml&menuNo=286#")

search_btn = browser.find_element_by_id("image1")
search_btn.click()

# HTML 소스를 가져와서, 원하는 위치를 찾습니다.
html = browser.page_source
```

```python
from bs4 import BeautifulSoup
from html_table_parser import parser_functions as parser
import pandas as pd

soup = BeautifulSoup(html, "html.parser")
table = soup.find("table", attrs={"id":"grid1_body_table"})
p = parser.make2d(table)
df = pd.DataFrame(p[2:],columns=p[1])
df.head()

import time
import random
from tqdm import tqdm

prev_no = 0
prev_table = None

for i in tqdm(range(0,200)):

    try:
        next_btn = browser.find_element_by_id("cntsPaging01_next_btn")
        next_btn.click()
    except:
        time.sleep(2)
        try:
            next_btn = browser.find_element_by_id("cntsPaging01_next_btn")
            next_btn.click()
        except:
            time.sleep(2)
            next_btn = browser.find_element_by_id("cntsPaging01_next_btn")
            next_btn.click()

    def get_html(browser, cnt):

        if cnt>=4:
            return -1, -1

        html = browser.page_source
        soup = BeautifulSoup(html, 'html.parser')
```

```
        cur_no = soup.find("a", attrs={"class":"w2pageList_control
_label w2pageList_label_selected"})
        cur_no = cur_no.text

        table = soup.find("table", attrs={"id": "grid1_body_table"})

        if cur_no!=prev_no and prev_table!=table:
            return cur_no, table
        else:
            time.sleep(1)
            get_html(browser, cnt+1)

    cur_no, table = get_html(browser, 1)

    if cur_no== -1:
        print("\n종료. 테이블 정보가 바뀌지 않았습니다.")
        break

    p=parser.make2d(table)
    temp=pd.DataFrame(p[2:],columns=p[1])
    df = pd.concat([df, temp],0)
    prev_no = cur_no
    prev_table = html

    if cur_no=="95":
        print("\n최종 페이지 도달")
        break

    time.sleep(random.randrange(3,5))

df.to_excel("stock_div.xlsx")
```

'3.7 배당 수익률이 높은 주식 찾아보기'에서 수집한 데이터를 이용해 배당 수익률 상위 종목을 추출해 보았습니다.

추가로 셀레늄을 잘 사용하기 위한 몇 가지 팁을 알아보겠습니다.

1. 클래스 선택자가 여러 개인 경우에는 find_element_by_class_name으로 잘 선택되지 않습니다. 이럴 때는 find_element_by_css_selector 함수를 이용해 보세요. 예를 들어 class="class1 class2"가 있다면, find_element_by_css_selector(".class1.class2")라고 입력하면 됩니다. 아이디 선택자를 사용하고 싶다면, 마침표(.) 대신 샵(#)을 사용하면 됩니다. CSS에서 선택자를 정의할 때 사용하는 기호를 생각하면 기억하기 쉽습니다.

2. 그래도 HTML 페이지에서 특정 위치를 지정하기 어렵다면, XPath를 사용해 보세요. XPath는 마크업 언어에서 특정 요소를 찾기 위한 경로(path)를 나타내는 언어입니다. 주소를 만드는 법은 잘 몰라도 사용하기는 쉽습니다. 크롬 개발자 도구에서 XPath를 만들고 싶은 위치를 찾습니다. 그리고 마우스 오른쪽 버튼을 클릭하고 [Copy] - [Copy XPath]를 선택합니다. 그럼 클립보드에 XPath가 저장됩니다.

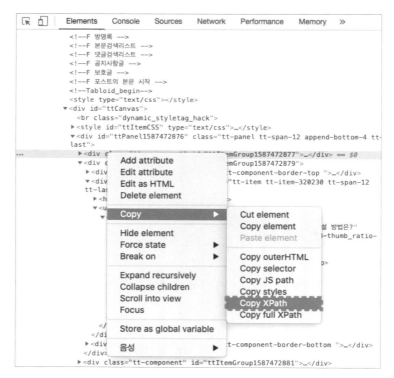

[그림 1-23] 크롬 브라우저 XPath 복사하기

이제 파이썬 코드로 와서, find_element_by_xpath("XPath주소 붙여넣기")를 하면 쉽게 원하는 위치를 찾을 수 있습니다.

3. 셀레늄에서 HTML 소스를 beautifulsoup로 파싱하지 않고, 원하는 값을 바로 추출할 수 있습니다. find_element로 시작하는 함수로 원하는 위치를 지정한 후에 text 변수를 호출하면 해당 태그의 텍스트가 반환됩니다.

   태그의 속성값을 추출하고 싶다면, get_attribute 함수를 이용하면 됩니다. 예를 들어, 원하는 위치를 지정한 후에 get_attribute("style")을 호출하면 style의 속성값을 얻을 수 있습니다.

4. 셀레늄을 이용하면 브라우저가 움직이는 모습을 볼 수 있습니다. 동작을 확인할 수 있어 좋지만, 이 상태에서 마우스나 키보드를 동작하면 움직임이 꼬이게 됩니다. 이럴 때는 고스트 모드를 이용해서 브라우저를 백그라운드에서 동작하게 합니다.

```python
from selenium import webdriver
from selenium.webdriver.chrome.options import Options

CHROMEDRIVER_PATH = '/Applications/chromedriver'

chrome_options = Options()
chrome_options.add_argument("--headless")

driver = webdriver.Chrome(executable_path=CHROMEDRIVER_PATH,
                          chrome_options=chrome_options)
```

셀레늄에 대한 더 상세한 설명을 보고 싶다면, 아래 주소를 참조해 보기 바랍니다.

- 셀레늄 API 문서 페이지 주소: https://selenium.dev/selenium/docs/api/py/

1.3.8 scrapy 패키지를 이용해서 웹 크롤링하기

스크래피(scrapy)는 오픈 소스 파이썬 웹 크롤링 프레임워크입니다. 한두 개의 웹 페이지를 크롤링할 때는 urllib이나 셀레늄을 이용해도 되지만, 다수의 페이지를 크롤링할 때는 코드도 길어지고 어려워집니다. 스크래피는 이런 문제들을 더 쉽고 편리하게 해결할 수 있도록 도와줍니다.

스크래피 패키지를 이용해서 크롤링하는 방법은 뒤에 '1.5.1 주요 경제 지표 수집하기'에서 자세히 알아보겠습니다.

1.4 수집한 데이터 저장하기

수집한 데이터는 분석을 목적으로 하여 DB 형태로 저장하는 것이 편리합니다. 간단한 내용의 경우 텍스트 파일이나 CSV, 엑셀 파일 등으로 저장할 수도 있습니다.

데이터베이스의 종류는 여러 가지가 있습니다. 여기서는 SQLite와 MySQL에 대해서 알아보겠습니다. SQLite는 개인이 로컬 컴퓨터에서 사용하기 편리한 데이터베이스 관리 시스템(DBMS)이고, MySQL은 웹 앱 등에 배포할 때 사용하기 적합한 DBMS입니다.

1.4.1 SQLite를 이용해서 데이터 저장하기

SQLite는 서버 없이 로컬 PC에서 SQL(Structured Query Language)을 이용하여 접근할 수 있는 데이터베이스를 제공합니다. SQL은 데이터베이스를 이용하기 위해 사용되는 표준화된 프로그래밍 언어입니다. 자연어와 유사하여 배우기 쉽고, 데이터베이스 종류에 따라 약간의 차이는 있지만, 거의 동일하게 사용할 수 있습니다. 파이썬에서는 SQLite를 이용하기 위해서 sqlite3 모듈을 이용합니다.

파이썬에서 데이터베이스에 접근할 때는 데이터베이스와 연결하고, 커서(Cursor)를 생성하여 쿼리를 실행합니다. 작업을 마치고 나면, 커서를 닫고 연결도 종료합니다. 파이썬 판다스 패키지에는 데이터베이스 연결 후 커서를 통해 쿼리를 실행하는 작업을 효율적으로 할 수 있는 함수들을 제공합니다.

위의 2가지 방법을 이용해서 데이터를 저장하고 불러오는 방법에 대해서 알아보겠습니다.

커서(Cursor)를 이용하여 데이터를 저장하고 불러오기

데이터베이스를 사용하려면 먼저 연결해야 합니다. test.db라는 데이터베이스를 만들고 연결해 보았습니다.

```
import sqlite3
conn = sqlite3.connect("test.db")
```

작업 폴더를 확인해 보면, test.db라는 파일이 생겼습니다. 이제 이 연결에 해당하는 커서 객체를 만들고, execute 함수를 이용하여 SQL 명령을 실행할 수 있습니다. 테이블을 생성할 때는 CREATE 구문을 사용합니다. 기초 SQL 구문은 아래에서 잠깐 다뤄보겠습니다.

```
c = conn.cursor()
c.execute('''CREATE TABLE stocks
            (date text, trans text, symbol text, qty real, price real)''')
```

SQL을 실행한 뒤에는 commit 함수를 이용해서, 변경 사항을 저장합니다. 마지막으로 데이터베이스 연결을 종료합니다.

```
conn.commit()
conn.close()
```

이렇게 test라는 데이터베이스를 만들고, stock이라는 테이블을 생성하였습니다. 하나의 데이터베이스 안에는 행과 열로 이루어진 자료형인 테이블을 여러 개 생성할 수 있습니다.

많이 사용되는 SQL 구문에 대해서 알아보면, 아래와 같습니다.

SELECT문

테이블에서 데이터를 조회할 때 사용하는 구문입니다. FROM과 같이 사용하며, FROM에 있는 테이블명에서 필요한 칼럼들을 조회할 수 있습니다. WHERE문을 같이 이용하면 특정 조건에 맞는 행들만 조회할 수 있습니다. ORDER BY문을 이용해서 데이터를 오름차순 정렬해서 조회할 수도 있습니다. 내림차순 정렬을 원한다면 칼럼명 앞에 마이너스 기호를 붙이면 됩니다.

예시)

SQL문	의미
SELECT 칼럼명1, 칼럼명2, FROM 테이블명	칼럼명1, 2의 데이터 조회
SELECT 칼럼명1 FROM 테이블명 WHERE 칼럼명2 = 1	칼럼명2가 1인 데이터 조회
SELECT 칼럼명1 FROM 테이블명 ORDER BY 칼럼명2	칼럼명2로 오름차순 정렬
SELECT 칼럼명1 FROM 테이블명 ORDER BY -칼럼명2	칼럼명2로 내림차순 정렬

SELECT문을 이용해서 데이터를 가져올 때는 커서의 execute 함수로 SQL문을 실행한 후에 fetch 함수를 호출해야 합니다. execute 함수를 실행하면 SQL문이 실행되지만, 질의 결과가 자동으로 표시되지는 않습니다. 질의 결과를 요청해야 합니다. fetch 함수를 이용해서 결과를 요청할 수 있습니다.

- fetchone: SQL 질의 결과 중 한 행을 요청
- fetchmany: SQL 질의 결과 중 요청할 행의 수를 지정
- fetchall: SQL 질의 결과의 모든 행을 요청

```
예시) result = cur.fetchall()
```

CREATE문

테이블을 생성할 때 사용하는 구문입니다. SELECT문과 같이 많이 사용하며, SELECT
문에서 사용하는 조건절을 동일하게 사용할 수 있습니다.

테이블을 생성할 때는 인덱스를 지정할 수 있습니다. 인덱스는 검색과 필터, 정렬 등
의 연산을 빠르게 할 수 있도록 도와줍니다. 인덱스를 UNIQUE INDEX로 만들면 중
복이 안 되고, 인덱스를 기준으로 행을 업데이트할 수 있습니다. 인덱스를 이용해서
값을 업데이트할 때는 REPLACE문을 사용합니다.

인덱스는 테이블에 있는 칼럼을 이용해서 만듭니다. 테이블의 인덱스 유무와 관계없
이 데이터 조회는 기존처럼 하면 됩니다.

```
예시) CREATE TABLE 테이블명1 AS SELECT 칼럼명1, 칼럼명2, FROM 테이블명
     CREATE TABLE 테이블명2 AS SELECT 칼럼명1 FROM 테이블명 WHERE 칼럼명2 = 1
     CREATE UNIQUE INDEX 인덱스명 ON 테이블명 (칼럼명1, 칼럼명2, ...)
```

INSERT INTO문

테이블에 행을 넣을 때 사용하는 구문입니다. 파이썬의 var1과 var2의 변수값을 테이
블에 추가하고 싶다면, 아래 예시와 같이 커서에 execute 함수를 실행하면 됩니다.

```
예시) cursor.execute("INSERT INTO tbl_name (칼럼명1, 칼럼명2) VALUES (?, ?)",
     (var1, var2) )
```

여러 개의 행을 추가하고 싶다면, 리스트 자료형으로 만들고 executemany 함수를 이
용합니다.

```
예시) purchases = [('2006-03-28', 'BUY', 'IBM', 1000, 45.00),
                  ('2006-04-05', 'BUY', 'MSFT', 1000, 72.00),
                  ('2006-04-06', 'SELL', 'IBM', 500, 53.00)
                  ]
     cursor.executemany('INSERT INTO stocks VALUES (?,?,?,?,?)', purchases)
```

REPLACE INTO문

행의 값을 바꾸고 싶을 때 사용하는 구문입니다. 다른 데이터베이스에서는 UPDATE 나 INSERT INTO OVERWRITE인 경우도 있습니다. 인덱스로 지정한 칼럼의 값이 이미 테이블에 저장되어 있다면, 해당 인덱스의 값을 새로운 값으로 변경합니다. 없다 면, 새로운 값을 추가합니다. 코드를 작성하는 방법은 INSERT INTO와 동일합니다.

```
예시) cursor.execute("REPLACE INTO tbl_name (칼럼명1, 칼럼명2) VALUES (?, ?)",
     (var1, var2) )
```

DELETE문

행을 삭제하는 구문입니다. WHERE문과 같이 사용하여 특정 조건의 행을 삭제할 수 있습니다.

```
예시) DELETE FROM 테이블명 WHERE 칼럼명1 = 2005
```

SQL을 사용하여 테이블을 생성하고 값을 추가·삭제·변경하는 방법에 대해서 알아보 았습니다. 이 외에도 그룹별로 연산하고, 테이블을 결합하는 등 테이블 연산도 할 수 있습니다. SQL에 대해 더 알고 싶다면, 아래 주소를 참조해 보세요.

- SQLite SQL 안내 페이지 주소: https://www.sqlite.org/lang.html

판다스 데이터 프레임에서 SQLite 데이터베이스 사용하기

판다스 데이터 프레임에서는 SQLite 데이터베이스를 사용하는 더 쉬운 방법을 제공합니다. 데이터베이스를 연결하고, 함수를 호출하여 데이터를 저장하고 불러올 수 있습니다.

to_sql 함수

to_sql 함수는 테이블을 생성·추가·교체할 수 있는 함수입니다. 사용 방법을 알아보기 위해 판다스 데이터 프레임을 만들고, 데이터베이스를 연결하였습니다.

```
import sqlite3
con = sqlite3.connect("test.db")
```

to_sql 함수를 이용하면, 쉽게 데이터베이스에 테이블을 만들 수 있습니다. 입력 파라미터로 테이블명, 데이터베이스 연결 객체명을 입력하였습니다.

```
import pandas as pd

df = pd.DataFrame({"a":[1, 2, 3], "b":[4, 5, 6], "id":["a", "b", "c"]})

df.to_sql("df", con)
```

to_sql 함수에는 if_exists라는 입력 파라미터가 있습니다. fail, replace, append의 세 가지 옵션이 있습니다. 각각의 기능은 아래와 같습니다.

- fail: 생성하려는 테이블이 이미 있으면, 에러를 발생합니다. 기본 입력값입니다.
- replace: 테이블이 이미 있으면, 삭제하고 새로운 데이터로 테이블을 생성합니다.
- append: 테이블이 이미 있는 경우, 행을 추가합니다.

to_sql 함수는 편리하긴 하지만, UNIQUE INDEX를 사용할 수 없다는 단점이 있습니다. INDEX는 지정할 수 있지만, INDEX만으로는 REPLACE INTO문을 이용해서 값을 업데이트할 수 없습니다.

DB에 테이블을 다시 만들고, UNIQUE INDEX를 만들어 보았습니다. to_sql 함수에 index=False를 입력해서, 판다스 데이터 프레임의 인덱스가 DB 테이블에 추가되지 않도록 하였습니다. 이후에 별도로 UNIQUE 인덱스를 만들었습니다.

```
con = sqlite3.connect("test.db")
df = pd.DataFrame({"a":[1, 2, 3], "b":[4, 5, 6], "id":["a", "b", "c"]})

df.to_sql("df", con, index=False, if_exists="replace")
c = con.cursor()
c.execute("CREATE UNIQUE INDEX id ON df (id)")
con.commit()
con.close()
```

인덱스를 확인하기 위해서, PRAGMA index_list를 실행합니다.

```
con = sqlite3.connect("test.db")
c = con.cursor()
c.execute("PRAGMA index_list(df)").fetchall()
```

[결과]

```
[(0, 'id', 1, 'c', 0)]
```

출력 결과는 순서대로 seq, name, unique, origin, partial index여부를 의미합니다. 여기서는 2번째가 해당 테이블의 인덱스명이고, 3번째가 UNIQUE INDEX 여부인지를 나타내는 것만 알면 되겠습니다. 인덱스가 붙은 칼럼명을 알고 싶다면, index_info 함수를 실행하면 됩니다.

```
c.execute("PRAGMA index_info('ix_df_id')").fetchall()
```

[결과]

```
[(0, 2, 'id')]
```

to_sql 함수에 if_exists를 append로 지정해서 테이블을 추가해 봅니다. UNIQUE 인덱스를 지정하여, 에러가 발생하는 것을 확인할 수 있습니다.

```
df_2 = pd.DataFrame({"a":[4], "b":[4], "id":["c"]})

con = sqlite3.connect("test.db")
df_2.to_sql("df", con, if_exists="append")
```

[결과]

```
sqlite3.IntegrityError: UNIQUE constraint failed: df.id
```

REPLACE INTO문을 사용하려면 위에서 다룬 cursor를 이용해서 SQL문을 실행해야 합니다.

```
con = sqlite3.connect("test.db")
c =con.cursor()
c.execute("REPLACE INTO df (a, b, id) VALUES (?, ?, ?)", (4, 4, "c"))
con.commit()
con.close()
```

to_sql 함수는 편리하지만, REPLACE INTO문을 사용할 수 없다는 점이 조금 아쉽습니다.

read_sql 함수

DB의 테이블을 조회해서 판다스 데이터 프레임으로 만들 수 있는 함수입니다. SELECT문을 이용해서 데이터를 조회하고, 데이터 프레임으로 만들어 DB 테이블의 인덱스 정의는 유지되지 않습니다.

```
con = sqlite3.connect("test.db")
temp = pd.read_sql("SELECT * FROM df", con)
print(temp)
con.close()
```

[결과]

```
   a  b  id
0  1  4  a
1  2  5  b
2  4  4  c
```

GUI 환경에서 SQLite 데이터베이스 다루기

SQLite DB를 편리하게 사용하려면 DB Browser for SQLite를 설치하는 것이 좋습니다. 이 프로그램은 GUI(그래픽 인터페이스)를 제공합니다. 쉽게 저장한 DB를 조회하고 수정/삭제할 수 있습니다.

설치는 아래 주소에서 할 수 있습니다.

- DB Browser for SQLite 설치 주소: https://sqlitebrowser.org/

설치하고 나면, 만든 DB 파일을 열어 테이블을 확인할 수 있습니다. 그리고, [그림 1-24]와 같이 테이블을 직접 조회하고 편집할 수도 있습니다.

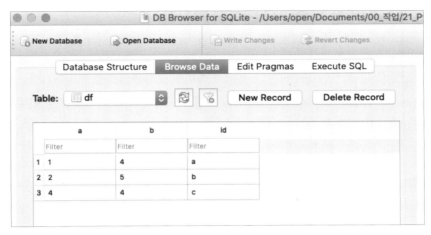

[그림 1-24] DB Browser for SQLite 테이블 조회

Execute SQL 탭에서 SQL을 직접 실행하고, 결과를 확인할 수 있습니다.

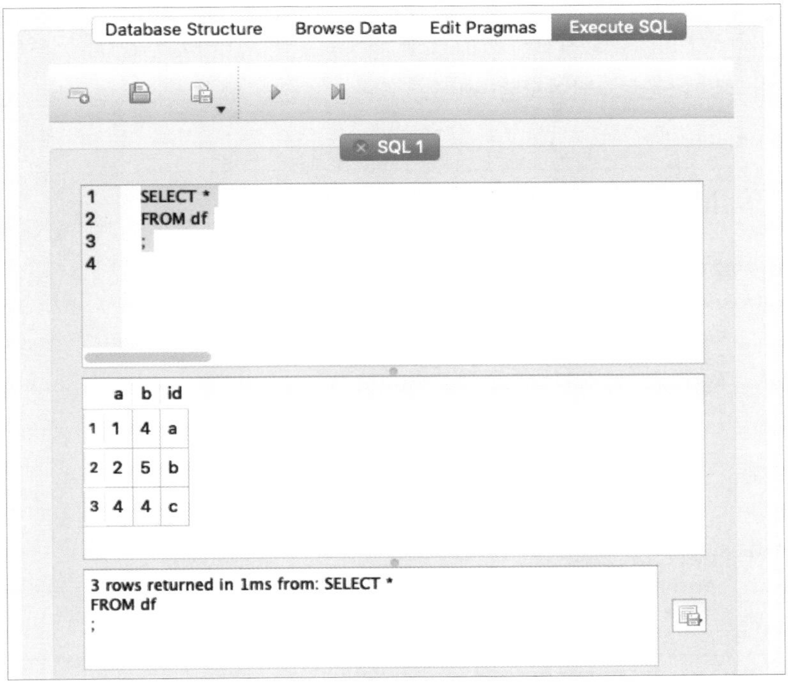

[그림 1-25] SQL 실행 및 결과 확인 화면

MySQL을 이용해서 데이터 저장하기

MySQL은 오픈 소스 관계형 데이터베이스 관리 시스템(RDMS)입니다. SQLite3는 혼자 로컬에서 사용하기에 충분하지만, 서버에 올려놓고 많은 요청을 처리하기에는 한계가 있습니다. 하지만, MySQL은 여러 개의 작업과 사용자 요청을 처리할 수 있게 구현되어 있습니다. 그래서 웹사이트 등에 서비스를 배포하는 용도로 사용할 수 있습니다.

MySQL 서버 설치하기

MySQL 서버를 설치하려면 MySQL 홈페이지에 접속해야 합니다. 아래의 주소에 접속하여 자신의 운영 체제에 맞는 MySQL 서버를 받습니다.

- MySQL 서버 다운받기: http://dev.mysql.com/downloads/mysql

압축된 버전과 압축되지 않은 버전이 있는데 둘 중에 어느 것을 받아도 상관없습니다. 다운로드를 클릭하면 웹 회원에 가입할 것인지 묻는 화면이 나옵니다. 하단의 링크를 클릭하여 그냥 다운로드받아도 됩니다.

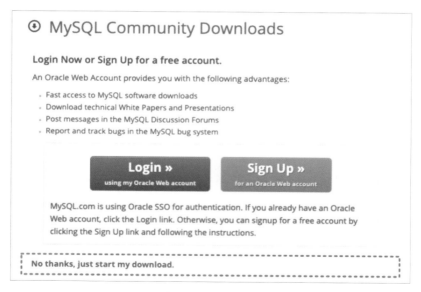

[그림 1-26] MySQL 다운로드

설치하고 나면, 윈도우의 프롬프트 창이나 맥의 터미널에서 MySQL 서버를 이용할 수 있습니다. 아래 명령을 프롬프트 창이나 터미널에서 입력하면, MySQL 콘솔이 시작됩니다. root ID를 이용해 MySQL DB 관리자로 로그인하겠습니다.

```
mysql -u root -p
```

위의 명령을 실행하면, 암호를 입력하라고 합니다. MySQL 서버를 설치할 때 설정한 관리자 암호를 입력하면, 아래와 같이 MySQL 콘솔이 실행됩니다. 관리자 암호를 설정하지 않았다면, 엔터를 두 번 누르면 됩니다.

```
mysql>
```

mysql 콘솔에서 명령을 입력하여 MySQL 서버에 데이터베이스를 만들고 SQL을 실행할 수 있습니다. CREATE DATABASE문을 실행하여 데이터베이스(DB)를 만들어 보겠습니다. 명령의 마지막에는 세미콜론(;)을 입력합니다.

```
mysql> CREATE DATABASE temp;
```

MySQL에는 여러 개의 DB가 있을 수 있으므로, 사용하려는 DB를 선언해 줍니다.

```
mysql> USE temp;
```

사용할 DB를 지정하였다면, 이제 테이블을 하나 만들어 보겠습니다. 테이블을 만들 때는 괄호를 쓰고, 사용할 칼럼들을 정의해 줍니다.

```
mysql> CREATE TABLE stocks (
        id INT NOT NULL AUTO_INCREMENT,
        deal_date VARCHAR(10),
```

```
        trans VARCHAR(20),
        created_time TIMESTAMP DEFAULT CURRENT_TIMESTAMP, PRIMARY KEY(id)
);
```

칼럼을 정의할 때는 칼럼 이름, 변수 타입(INT, VARCHAR, TIMESTAMP 등), 추가 속성(NOT NULL, AUTO_INCREMENT 등) 순으로 작성합니다. 칼럼 목록 마지막에는 반드시 테이블의 키를 지정해야 합니다. 키는 인덱스와 비슷한 개념으로 키를 이용해서 테이블을 빨리 검색할 수 있습니다.

DESCRIBE 명령으로 테이블의 구조를 확인할 수 있습니다.

```
mysql> DESCRIBE stocks;
```

[결과]

```
+--------------+-------------+------+------+-------------------+-------------------+
| Field        | Type        | Null | Key  | Default           | Extra             |
+--------------+-------------+------+------+-------------------+-------------------+
| id           | int(11)     | NO   | PRI  | NULL              | auto_increment    |
| date         | varchar(10) | YES  |      | NULL              |                   |
| trans        | varchar(20) | YES  |      | NULL              |                   |
| created_time | timestamp   | YES  |      | CURRENT_TIMESTAMP | DEFAULT_GENERATED |
+--------------+-------------+------+------+-------------------+-------------------+
4 rows in set (0.01 sec)
```

테이블에 행을 추가할 때는 DATE와 TRANS에만 값을 넣으면 됩니다. ID는 자동 증가로 새로운 행이 삽입될 때마다 1씩 증가하고, create_time에는 현재 시간이 기본값으로 입력됩니다. 물론 직접 입력하여 삽입할 수도 있습니다.

```
mysql> INSERT INTO stocks (deal_date, trans)
VALUES (
    "2020-01-01",
```

```
    "005930.KS"
);
```

SELECT문을 이용하여 정상적으로 값이 입력된 것을 확인할 수 있습니다.

```
mysql> SELECT * FROM stocks;
```

[결과]

```
+-----+------------+-----------+---------------------+
| id  | deal_date  | trans     | created_time        |
+-----+------------+-----------+---------------------+
|  1  | 2020-01-01 | 005930.KS | 2020-01-19 08:45:42 |
+-----+------------+-----------+---------------------+
1 row in set (0.00 sec)
```

파이썬에서 MySQL 이용하기

파이썬에서 MySQL DB 서버를 이용하려면 별도의 패키지를 설치해야 합니다. MySQL에서 제공하는 공식 드라이버도 있지만, 여기서는 PyMySQL을 이용하겠습니다. PyMySQL은 많이 사용하는 MySQL 오픈 소스 패키지 중 하나입니다. SQLite 데이터베이스에서 알아본 2가지 이용 방법을 동일하게 사용할 수 있습니다.

커서(Cursor)를 이용하여 데이터를 저장하고 불러오기

앞에서 root ID로 접속해서 temp라는 데이터베이스를 만들었습니다. 이번에는 새로운 계정을 하나 만들어 이용해 보겠습니다. 먼저, root ID로 MySQL 콘솔에 접속합니다.

```
mysql -u root -p
```

아래와 같이 ID는 test, 비밀번호는 test11의 계정을 만들었습니다. GRANT문을 이용해서 root ID로 만든 테이블의 사용 권한을 부여할 수 있습니다. 이제 quit문을 실행하여 접속을 종료합니다.

```
mysql> CREATE USER 'test' IDENTIFIED BY 'test11';
mysql> GRANT ALL ON temp.* TO 'test';
mysql> quit
```

새로 만든 test라는 계정으로 접속해 보겠습니다.

```
mysql -u test -p
```

접속한 계정에서 사용할 수 있는 데이터베이스를 확인합니다.

```
mysql> SHOW DATABASES;
```

[결과]

```
+--------------------+
| Database           |
+--------------------+
| information_schema |
| temp               |
+--------------------+
2 rows in set (0.00 sec)
```

이제 파이썬에서 PyMySQL 패키지를 이용해서 MySQL 서버에 접속해 보겠습니다. MySQL 서버에 연결할 때는 MySQL을 실행하는 서버의 IP 주소, 사용자 ID, 비밀번호, 데이터베이스명을 알아야 합니다. 필요한 정보들을 db_conf라는 변수에 딕셔너리 자료형으로 입력하였습니다.

```
import pymysql

db_conf = {
    "host": "127.0.0.1",
    "user": "test",
    "password": "test11",
    "database": "temp",
}
```

DB에 연결하기 위해서 connect 함수를 이용합니다. 딕셔너리 자료형에 **를 붙이면 개별로 분리하여 함수의 입력 파라미터로 사용할 수 있습니다.

```
con = pymysql.connect(**db_conf)
```

이제 커서를 생성하고 SQL문을 실행합니다. stocks라는 테이블이 있다면, 테이블을 삭제하고 새로 테이블을 만듭니다. 위의 SQLite와 동일하게 사용하면 됩니다.

```
cur = con.cursor()
cur.execute("DROP TABLE IF EXISTS stocks")
cur.execute(
    """
        CREATE TABLE stocks (
            date VARCHAR(10),
            trans VARCHAR(20),
            symbol VARCHAR(10),
            qty INT,
            price INT,
            primary key (date) )
            """
)
con.commit()
con.close()
```

INSERT INTO문으로 테이블에 값을 입력해 봅니다. MySQL에서는 값을 넣을 때 문자열이 필요하므로 %s를 사용하였습니다.

```
con = pymysql.connect(**db_conf)
cur = con.cursor()
cur.execute(
    """
        INSERT INTO stocks (date, trans, symbol, qty, price)
        VALUES (%s, %s, %s ,%s, %s)
        """, ("2019-10-12", "sell", "K029093", 6 ,10000)
)
con.commit()
con.close()
```

SELECT문을 이용해서 데이터가 정상적으로 들어갔는지 확인한 결과입니다.

```
con = pymysql.connect(**db_conf)
cur = con.cursor()
cur.execute("SELECT * FROM stocks")
df = cur.fetchall()
con.commit()
con.close()

print(df)
```

[결과]

```
((('2019-10-12', 'sell', 'K029093', 6, 10000),)
```

이 책에서는 단순한 MySQL문만 사용하려고 합니다. 데이터를 조회하고, 추가하는 등 간단한 작업을 할 겁니다. 하지만, MySQL문을 이용해서 데이터를 결합하고, 그룹 연산을 하는 등 복잡한 작업도 가능합니다. MySQL의 SQL 구문에 대해서 더 많은 내용을 알고 싶다면, MySQL 사이트 문서(https://dev.mysql.com/doc/)를 참고하기 바랍니다.

PyMySQL의 함수와 기능에 대해서 더 많은 내용을 알고 싶다면, PyMySQL 사이트 문서(https://pymysql.readthedocs.io/en/latest/)를 확인하기 바랍니다.

판다스 데이터 프레임에서 MySQL 데이터베이스 사용하기

판다스 데이터 프레임의 to_sql, read_sql 함수를 이용해서 MySQL DB를 사용할 수 있습니다. 위의 함수를 사용하려면 SQLAlchemy 패키지를 사용해야 합니다.

SQLAlchemy는 파이썬에서 ORM(Object Relational Mapper)을 지원하는 패키지 입니다. ORM은 데이터베이스 테이블과 파이썬의 클래스를 연결하는 방법입니다. 테이블의 각 행을 클래스의 객체로 연결해서 사용할 수 있습니다. 여기서는 SQL Alchemy에 대한 자세한 내용은 다루지 않습니다. 다만, 판다스 데이터 프레임의 to_sql, read_sql 함수를 사용하려면 SQLAlchemy를 이용해서 연결해야 한다는 것만 알면 됩니다.

SQLAlchemy 패키지를 이용해서 MySQL 데이터베이스를 연결하려면 PyMySQL 패키지를 이용합니다. install_as_MySQLdb 함수를 실행해야 MySQL을 이용하는 패키지에서 PyMySQL을 이용할 수 있습니다.

```
import pandas as pd
import pymysql
from sqlalchemy import create_engine

pymysql.install_as_MySQLdb()
```

create_engine 함수는 Engine 클래스의 객체를 반환해 줍니다. 입력 파라미터로 mysql 접속 정보를 "mysql://[계정ID]:[계정PW]@[접속 주소]/[데이터베이스명]"

의 형식으로 입력합니다. 이 객체의 connect 함수를 호출하여 데이터베이스와 연결합니다.

```
engine = create_engine("mysql://test:test11@localhost/temp")
con = engine.connect()
```

to_sql 함수를 이용해서 데이터베이스에 테이블 정보를 작성합니다. 이후 연결을 종료합니다.

```
test1 = pd.DataFrame({"a":[1,2,3,4]})
test1.to_sql('test1', con, if_exists="append", index=False)
con.close()
```

read_sql 함수도 SQLite 데이터베이스를 이용할 때와 동일하게 사용할 수 있습니다.

GUI 환경에서 MySQL 데이터베이스 다루기

MySQL Workbench를 설치하면 MySQL 데이터베이스를 GUI 환경에서 조회하고 생성·편집할 수 있습니다. 아래 링크에서 다운로드하여 설치합니다.

- MySQL Workbench 다운받기: https://dev.mysql.com/downloads/workbench/

설치가 완료되고, 실행하면 [그림 1-27]과 같이 사용할 수 있습니다.

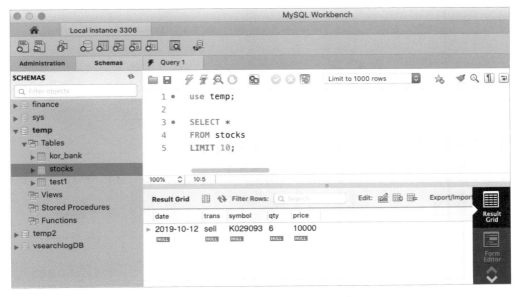

[그림 1-27] MySQL Workbench 실행 화면

1.5 실제 데이터를 수집해 보자

앞에서 금융 데이터를 수집할 수 있는 여러 가지 방법에 대해서 알아보았습니다. 여기
서는 앞에서 다룬 방법들을 이용해서 실제 금융 데이터를 수집해 보겠습니다.

1.5.1 주요 경제 지표 수집하기

우리는 경제 현상이나 변화, 예측을 설명하기 위해서 여러 가지 경제 지표를 사용합
니다. 이러한 경제 지표들은 한국은행 Open API 서비스를 이용하면 쉽게 수집할 수
있습니다.

[그림 1-28] 한국은행 Open API 서비스(https://ecos.bok.or.kr/jsp/openapi/OpenApiController.jsp)

회원가입을 하고, 상단의 [서비스 이용] – [인증키 신청] 메뉴에서 인증키를 신청합니다. 발급받은 인증키는 마이 페이지에서 확인할 수 있습니다.

[개발 가이드] – [통계 코드 검색]으로 가면, 수집할 수 있는 데이터가 나옵니다. 이 중에서 기준금리 관련 데이터를 수집해 보려고 합니다.

[그림 1-29] 한국은행 Open API로 받을 수 있는 데이터 목록

기준금리를 검색하면, '2.6. 한국은행 기준금리 및 여수신금리[098Y001]'을 찾을 수 있습니다. [개발 명세서] 메뉴에 가면 샘플 URL을 만들어 테스트해 볼 수 있습니다.

현재 서비스하고 있는 API 목록은 '100대 통계지표, 서비스통계목록, 통계세부항목목록, 통계조회조건설정, 통계메타DB, 통계용어사전'으로 총 6개입니다. 각각에 따라 요청값과 출력값이 다릅니다. 기준금리는 통계조회조건설정 서비스에 해당하고, 요청값과 출력값의 레이아웃은 아래와 같습니다.

변수명	필수 여부	값 설명	예시(기준금리) 기준
서비스명	Y	-	StatisticSearch
인증키	Y	-	발급받은 인증키
요청 타입	Y	-	json

변수명	필수 여부	값 설명	예시(기준금리) 기준
언어	Y	-	kr
요청 시작 건수	Y	-	1
요청 종료 건수	Y	-	1000
통계 코드	Y	-	098Y001
주기	Y	YY,QQ,MM,DD	MM
검색 시작 일자	Y	숫자만 입력 가능	201501
검색 종료 일자	Y	숫자만 입력 가능	201912
항목 코드1	N	공백: 전체	
항목 코드2	N	공백: 전체	
항목 코드3	N	공백: 전체	

[표 1-7] 한국은행 Open API 요청값

요청 주소인 http://ecos.bok.or.kr/api와 요청값들을 합해 URL을 만들면 아래와 같습니다. 웹 브라우저로 해당 URL에 접속하면, 회신받은 결과를 볼 수 있습니다.

- 기준금리 데이터 요청 URL: http://ecos.bok.or.kr/api/StatisticSearch/[인증키]/json/kr/1/1000/098Y001/MM/201501/201912

회신받은 결과의 레이아웃은 아래와 같습니다.

변수명	변수 설명	예시(기준금리) 기준
STAT_CODE	통계 코드	098Y001
STAT_NAME	통계명	2.6. 한국은행 기준금리 및 여수신금리
ITEM_CODE1	항목 코드1	0101000
ITEM_NAME1	항목명1	한국은행 기준금리
ITEM_CODE2	항목 코드2	-

변수명	변수 설명	예시(기준금리) 기준
ITEM_NAME2	항목명2	-
ITEM_CODE3	항목 코드3	-
ITEM_NAME3	항목명3	-
UNIT_NAME	단위	연%
TIME	시점	201501
DATA_VALUE	값	2

[표 1-8] 한국은행 Open API 결괏값

이제 해당 URL에 파이썬으로 접속해서 데이터를 수집하겠습니다. 데이터를 수집하는 방법은 여러 가지가 있습니다. 앞에서 다룬 파이썬의 urllib이나 requests 모듈을 사용해도 좋지만, 여기서는 scrapy를 이용해서 데이터를 수집하겠습니다. scrapy는 오픈 소스 파이썬 웹 크롤링 프레임워크입니다. 웹 크롤링에도 많이 사용하지만, Open API 데이터를 수집하기 위해서 사용할 수도 있습니다. OpenAPI로 데이터를 수집하는 것도 서버에 데이터를 요청하고, 회신받은 결과를 파싱해서 저장합니다. 잘 정리된 xml이나 json으로 결과를 받는 것이 다를 뿐 프로세스는 웹 크롤링과 동일합니다.

스크래피(scrapy) 패키지는 파이썬 가상 환경에서 설치해서 이용하는 것이 좋습니다. 스크래피 공식 문서에서 다른 시스템 패키지들과 충돌을 피하기 위해 가상 환경을 만들어 설치할 것을 권장하고 있습니다.

파이썬 가상 환경은 하나의 PC에서 독립된 다른 버전의 파이썬을 사용할 수 있게 해줍니다. 가상 환경을 만들면 기존에 설치한 패키지는 없습니다. 필요한 패키지는 개별로 다시 설치해야 합니다. 가상 환경은 다른 패키지가 업데이트 되어 원하는 작업을 할 수 없게 되는 경우를 방지합니다. 특정 패키지가 업데이트 되면 관련 소스들을 수정해야 하거나, 다른 패키지가 실행되지 않을 수 있기 때문입니다.

파이참에서 New Project를 선택하고, "▼Project Interpreter: New Virtualenv environment"를 클릭하면 아래와 같이 파이썬 가상 환경을 만드는 옵션을 확인할 수 있습니다.

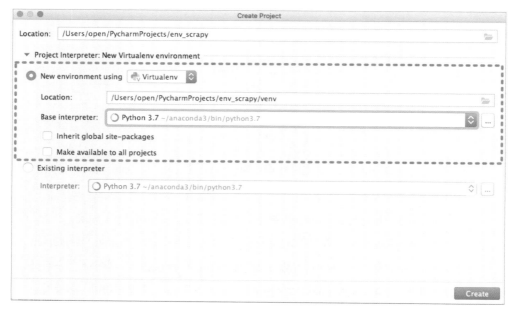

[그림 1-30] 파이썬 가상 환경 만들기

파이참에서 터미널 창을 열고, 아래와 같이 입력하여 스크래피를 설치합니다.

```
> pip install scrapy
```

터미널에서 새로운 스크래피 프로젝트를 만듭니다.

```
> scrapy startproject kor_bank_data
```

그러면 프로젝트를 위한 디렉터리 구조 및 초기 파일들을 생성합니다. 이를 살펴보면 [표 1-9]와 같습니다.

파일 또는 폴더명		내 용
kor_bank_data	__init__.py	
	__pycache__	
	items.py	데이터 추출 모델
	middleware.py	요청과 응답 관련 내용
	pipelines.py	추출된 데이터를 처리하는 부분
	settings.py	
	spiders __init__.py	웹사이트를 크롤링하는 방법을
	spiders __pycache__	정의하는 부분
scapy.cfg		설정 파일

[표 1-9] 스크래피 프로젝트 구조

스크래피는 크롤링을 시도하고 디버깅할 수 있는 별도 인터페이스를 가지고 있습니다. 터미널이나 명령 프롬프트에서 사용할 수 있습니다. 이를 스크래피 셸이라고 합니다.

스크래피 셸에서 사용하는 파이썬 인터프리터는 ipython으로 지정하는 것이 좋습니다. 자동 완성과 색깔별로 구분되어 결과가 출력되기 때문입니다. pip install ipython을 실행하여 ipython을 설치하고, scrapy.cfg 파일에 아래 내용을 추가합니다.

```
shell = ipython
```

스크래피는 처음 접속할 때 robots.txt 파일을 찾습니다. 하지만, 오픈 API의 데이터를 수집할 때는 해당 파일의 웹 서버에 없으므로, 이를 무시하고 할 수 있도록 settings.py 파일의 ROBOTSTXT_OBEY값을 아래와 같이 수정합니다.

```
ROBOTSTXT_OBEY = False
```

스크래피 셀에서 나가려면 exit()를, 실행하려면 scrapy shell -nolog를 실행합니다. 터미널에서 scrapy.cfg가 있는 kor_bank_data 폴더로 이동합니다. 아래와 같이 스크래피 셀을 실행합니다.

```
(venv) (base) env_scrapy open$ scrapy shell --nolog
[s] Available Scrapy objects:
[s]   scrapy      scrapy module (contains scrapy.Request, scrapy.Selector,
      etc)
[s]   crawler     <scrapy.crawler.Crawler object at 0x10b9e6c50>
[s]   item        {}
[s]   settings    <scrapy.settings.Settings object at 0x10baa1eb8>
[s] Useful shortcuts:
[s]   fetch(url[, redirect=True]) Fetch URL and update local objects (by
      default, redirects are followed)
[s]   fetch(req)                  Fetch a scrapy.Request and update local
      objects
[s]   shelp()           Shell help (print this help)
[s]   view(response)    View response in a browser
In [1]:
```

스크래피 셀에서 url에 접속하여 테스트해 봅니다. fetch 함수에 url을 입력해서, 데이터를 수집해 보겠습니다. 각 파라미터에 대한 설명은 77페이지를 참조하기 바랍니다.

```
> fetch("http://ecos.bok.or.kr/api/StatisticSearch/G7QT8UAN65AJ1AZKL2UB/
json/kr/1/1000/098Y001/MM/201501/201912")
```

회신받은 결과를 view 함수를 이용해서 볼 수 있습니다. 텍스트 에디터가 실행되면서, 수집한 결과 확인이 가능합니다.

```
> view(response)
```

HTML 페이지는 response 객체에 xpath나 css 함수를 호출해서 값을 추출해 볼 수 있습니다. 하지만, 지금은 json 형식으로 결과를 회신받아 json 모듈을 이용해서, 딕셔너리 자료형으로 변환하여 값을 추출합니다.

```
> import json
> result = json.loads(response.body_as_unicode())
> result["StatisticSearch"]["row"][0]
```

[결과]

```
{'DATA_VALUE': '2',
 'ITEM_CODE1': '0101000',
 'ITEM_CODE2': ' ',
 'ITEM_CODE3': ' ',
 'ITEM_NAME1': '한국은행 기준금리',
 'ITEM_NAME2': ' ',
 'ITEM_NAME3': ' ',
 'STAT_CODE': '098Y001',
 'STAT_NAME': '2.6.한국은행 기준금리 및 여수신금리',
 'TIME': '201501',
 'UNIT_NAME': '연%'}
```

이제 코딩을 통해 위의 작업을 자동화하고, 데이터베이스에 저장하겠습니다. 스크래피는 스파이더(Spider)를 통해서 크롤링 작업을 관리합니다. collect_base_rate라는 스파이더를 만들겠습니다.

스크래피 셸을 종료하고, 앞에서 만든 스크래피 프로젝트가 있는 폴더(kor_bank_data)로 이동합니다. 아래와 같이 입력하여 새로운 스파이더를 생성합니다.

```
> cd kor_bank_data
> scrapy genspider collect_base_rate ecos.bok.or.kr
```

다음으로 수집한 데이터를 저장할 필드를 설정해 줍니다. 스크래피의 Item 클래스를 상속받아서, 수집한 데이터의 어떤 항목들을 저장할지 입력합니다. 프로젝트의

items.py 파일에 한국은행 Open API로 반환되는 출력 항목들을 기재합니다. (이름)
= scrapy.Field()의 형식으로 기재합니다.

```
import scrapy

class KorBankDataItem(scrapy.Item):
    # define the fields for your item here like:
    # name = scrapy.Field()
    stat_code = scrapy.Field()
    stat_name = scrapy.Field()
    item_code1 = scrapy.Field()
    item_name1 = scrapy.Field()
    item_code2 = scrapy.Field()
    item_name2 = scrapy.Field()
    item_code3 = scrapy.Field()
    item_name3 = scrapy.Field()
    unit_name = scrapy.Field()
    time =  scrapy.Field()
    data_value = scrapy.Field()
```

이제 genspider로 만든 collect_base_rate.py라는 파일을 수정합니다. 파일을 열
어 보면 scrapy 모듈의 Spider 클래스를 상속받아 name, allowed_domains, start_
urls 변수가 지정되어 있고, parse 함수가 있습니다. name은 해당 스크래피의 이름
이고, allowed_domains는 이 스파이더에서 접속 가능한 도메인입니다. start_urls는
처음 크롤링할 웹 페이지 URL입니다. 웹사이트를 크롤링할 때 링크를 타고 다니면서
웹 페이지를 크롤링하여, 이러한 개념을 가집니다.

start_urls을 아래와 같이 수정하여 기준금리 데이터를 수집할 수 있는 API 주소로 만
듭니다.

```
# -*- coding: utf-8 -*-
import scrapy
from kor_bank_data.items import KorBankDataItem
```

```
class CollectBaseRateSpider(scrapy.Spider):

    SERVICE = "StatisticSearch"
    API_KEY="발급받은 API키를 입력합니다"
    CODE = "098Y001"
    CYCLE = "MM"
    FROM_YM="201912"
    TO_YM = "201912"

    name = 'collect_base_rate'
    allowed_domains = ['ecos.bok.or.kr']

    collect_url = "http://ecos.bok.or.kr/api/{}/{}/json/kr/1/1000/{}/{}/{}/
    {}".format(
        SERVICE, API_KEY, CODE, CYCLE, FROM_YM, TO_YM
    )

    start_urls = [collect_url]
```

다음으로 parse 함수 부분을 작성하여 수집한 데이터에서 원하는 부분만 추출합니다. 먼저 위에서 정의한 Item 클래스의 객체를 하나 생성합니다. 수집한 데이터는 response에 저장되어 있습니다. json 형식을 딕셔너리 자료형으로 바꾼 후에 실제 데이터가 있는 StatisticSearch 밑에 row키에 해당하는 값을 가져옵니다. 웹 페이지당 하나의 item을 수집할 수 있으므로, 반복문을 이용하여 수집할 항목에 대한 데이터를 리스트 자료형으로 저장합니다.

마지막으로 item 객체의 정의된 변수에 추출한 데이터를 저장합니다. item["변수명"]에 값을 할당하면, 데이터를 저장할 수 있습니다.

```
def parse(self, response):
        item = KorBankDataItem()

        import json
```

```python
result = json.loads(response.body_as_unicode())
result_row = result["StatisticSearch"]["row"]

stat_code = list()
stat_name = list()
item_code1 = list()
item_name1 = list()
item_code2 = list()
item_name2 = list()
item_code3 = list()
item_name3 = list()
unit_name = list()
time = list()
data_value = list()

for i in result_row:
    print(i)
    stat_code.append(i.get("STAT_CODE", ""))
    stat_name.append(i.get("STAT_NAME", ""))
    item_code1.append(i.get("ITEM_CODE1", ""))
    item_name1.append(i.get("ITEM_NAME1", ""))
    item_code2.append(i.get("ITEM_CODE2", ""))
    item_name2.append(i.get("ITEM_NAME2", ""))
    item_code3.append(i.get("ITEM_CODE3", ""))
    item_name3.append(i.get("ITEM_NAME3", ""))
    unit_name.append(i.get("UNIT_NAME", ""))
    time.append(i.get("TIME", ""))
    data_value.append(i.get("DATA_VALUE", ""))

item["stat_code"] = stat_code
item["stat_name"] = stat_name
item["item_code1"] = item_code1
item["item_name1"] = item_name1
item["item_code2"] = item_code2
item["item_name2"] = item_name2
item["item_code3"] = item_code3
item["item_name3"] = item_name3
item["unit_name"] = unit_name
item["time"] = time
```

```
        item["data_value"] = data_value

        return item
```

이제 데이터를 수집하여 json 파일로 저장해 보겠습니다. 터미널에서 스크래피 폴더(kor_bank_data)로 이동한 후, 아래와 같이 실행합니다. 파일로 저장하기 위해 -o를 입력하고, 뒤에 저장할 파일명을 지정합니다. 파일이 없다면 새로 파일을 만들고, 파일이 있다면 기존 데이터에 새로 수집한 데이터가 추가됩니다.

```
> cd kor_bank_data
> scrapy crawl collect_base_rate -o result.json
```

데이터를 효율적으로 저장하고 사용하기 위해 json이 아닌 MySQL DB에 저장하겠습니다. MySQL DB에 저장하려면 pipeline에 대해서 알아야 합니다. pipeline은 데이터를 수집한 후에 순차적으로 실행되는 기능들을 정의하는 곳입니다. 데이터를 정리하고, 유효성 검사나 중복 여부를 확인한 후에 데이터베이스에 저장하는 기능을 이곳에서 정의합니다.

pipeline에서는 아래 4개의 함수를 정의할 수 있습니다. 보통은 process_item 함수에 필요한 코드를 작성합니다. 하지만, 다른 단계에서 처리가 필요한 경우에는 그에 해당하는 함수에 코드를 입력합니다.

함수명	실행 시기
process_item	데이터 수집 후(parse 함수에서 item값 반환 이후)
open_spider	스파이더가 실행될 때
close_spider	스파이더가 종료될 때
from_crawler	파이프라인 객체가 생성될 때

[표 1-10] 스크래피 pipeline 함수

pipeline을 사용하려면 settings.py의 ITEM_PIPELINES 변수에 해당 클래스명을 추가해야 합니다. settings.py 파일을 보면 아래 부분이 주석으로 되어 있습니다. 주석을 제거해 코드로 변경합니다. 숫자는 파이프라인 클래스의 실행 순서를 의미합니다. 여러 개의 파이프라인이 있는 경우, 낮은 숫자에서 높은 숫자 순으로 실행됩니다.

```
ITEM_PIPELINES = {
    'kor_bank_data.pipelines.KorBankDataPipeline': 300,
}
```

pipeline.py 파일을 보면, 아래와 같이 process_item에 아무런 처리 내용도 들어 있지 않습니다. 해당 부분을 수정하여 MySQL DB에 저장해 보겠습니다.

```
class KorBankDataPipeline(object):
    def process_item(self, item, spider):
        return item
```

우선 접속 정보를 db_conf에 저장합니다. finance라는 DB를 새로 만들었습니다. 위에 MySQL 관련 내용을 참고하여, root 권한으로 접속하고 DB를 만들면 됩니다. DB를 만든 후에는 사용하려는 계정에 권한도 부여해 줍니다.

다음으로 connect 함수를 이용해서 MySQL 데이터베이스에 접속합니다. 커서를 만들고 kor_bank 테이블이 없으면 새로 만들어 줍니다. 시간과 통계·아이템 코드들을 기본키로 만들었습니다.

다음 REPLACE INTO문을 이용해서 데이터를 추가합니다. REPLACE INTO는 기본키와 중복되는 값들이 있으면, 해당 행을 업데이트합니다. 데이터가 딕셔너리 자료형으로 칼럼 단위로 저장되어 있습니다. 이에 zip 함수를 이용하여 각각의 칼럼을 for문에 넣었습니다. 데이터가 추가된 후에는 DB를 저장하고, 연결을 종료합니다.

```python
# -*- coding: utf-8 -*-
import pymysql

# 여기에 파이프라인을 정의합니다.
#
# 설정에서 파이프라인을 추가해 주세요.
# 참조: https://docs.scrapy.org/en/latest/topics/item-pipeline.html


class KorBankDataPipeline(object):
    db_conf = {
        "host": "127.0.0.1",
        "user": "test",
        "password": "test11",
        "database": "finance",
    }

    def process_item(self, item, spider):

        print("connect mysql")
        self.con = pymysql.connect(**self.db_conf)
        self.cur = self.con.cursor()
        self.cur.execute(
            """
            CREATE TABLE IF NOT EXISTS kor_bank (
            stat_name VARCHAR(100),
            item_code1 VARCHAR(10),
            item_name1 VARCHAR(50),
            item_code2 VARCHAR(10),
            item_name2 VARCHAR(50),
            item_code3 VARCHAR(10),
            item_name3 VARCHAR(50),
            unit_name VARCHAR(50),
            time VARCHAR(10),
            data_value VARCHAR(50),
            stat_code VARCHAR(10),
            primary key (time, stat_code, item_code1, item_code2, item_
            code3) )
```

```
            """
        )
        for sn, ic1, in1, ic2, in2, ic3, in3, un, time, dv, sc in zip(
            item["stat_name"], item["item_code1"], item["item_name1"],
            item["item_code2"], item["item_name2"], item["item_code3"],
            item["item_name3"], item["unit_name"], item["time"],
            item["data_value"], item["stat_code"]
        ):
            self.cur.execute(
                """
                REPLACE INTO kor_bank (stat_name, item_code1, item_name1,
                item_code2,item_name2,item_code3,item_name3,unit_name,
                time, data_value, stat_code)
                VALUES (%s,%s,%s,%s,%s,%s,%s,%s,%s,%s,%s)
                """, (sn, ic1, in1, ic2, in2, ic3, in3, un, time, dv, sc)
            )

        self.con.commit()
        self.con.close()

        return item
```

이제 스파이더를 실행해 봅니다.

```
> cd kor_bank_data
> scrapy crawl collect_base_rate
```

터미널(또는 명령 프롬프트)에서 아래와 같이 MySQL 서버에 접속하면 데이터가 잘 수집된 것을 확인할 수 있습니다.

```
> mysql -u test -p
> use finance;
> select * from kor_bank limit 3;
```

```
+------------------------------------+-----------+--------------+-----------+-----------+
| stat_name                          | item_code1| item_name1   | item_code2| item_name2|
| item_code3 | item_name3 | unit_name| time      | data_value   | stat_code |           |
+------------------------------------+-----------+--------------+-----------+-----------+
+-----------+------------+-----------+-----------+--------------+-----------+
| 2.6.한국은행 기준금리 및 여수신금리        | 0101000   | 한국은행 기준금리  |           |           |
|           |            | 연%       | 201912    | 1.25         | 098Y001   |           |
| 2.6.한국은행 기준금리 및 여수신금리        | 0102000   | 정부 대출금금리   |           |           |
|           |            | 연%       | 201912    | 1.393        | 098Y001   |           |
| 2.6.한국은행 기준금리 및 여수신금리        | 0104000   | 자금조정 대출금리  |           |           |
|           |            | 연%       | 201912    | 2.25         | 098Y001   |           |
```

2019년 12월의 기준금리를 수집하였습니다. 여기서 항목값만 변경해 주면 다른 월의 통계 수치도 수집할 수 있습니다. 이 항목들을 스크래피 실행 시 입력 파라미터로 넣으면, 항목값들을 쉽게 변경할 수 있습니다.

스크래피를 실행할 때 -a 옵션을 이용하면 값을 전달할 수 있습니다. 여러 개의 값을 전달할 수 있고, 추가할 때마다 -a 옵션을 같이 작성합니다.

```
> scrapy crawl -a from_ym=201910 -a to_ym=201912 collect_base_rate
```

입력 파라미터를 사용하기 위해서 collect_base_rate.py 파일을 수정합니다. CollectBaseRateSpider 클래스의 __init__함수를 재정의합니다. __init__함수는 클래스의 객체가 생성될 때 가장 먼저 실행되는 함수입니다. 객체의 값을 초기화하는 데 사용합니다.

code, cycle, from_ym, to_ym을 입력 파라미터로 값을 받기 위해 아래와 같이 작성합니다. 함수의 정의 부분에 입력 파라미터 값을 정의하면, 아무것도 입력되지 않았을 때 해당값이 사용됩니다.

```
class CollectBaseRateSpider(scrapy.Spider):
```

```
SERVICE = "StatisticSearch"
API_KEY="[발급받은 API키를 넣습니다.] "

name = 'collect_base_rate'
allowed_domains = ['ecos.bok.or.kr']

def __init__(self, code="098Y001", cycle="MM", from_ym=None,
             to_ym=None, args, **kwargs):
    super(CollectBaseRateSpider, self).__init__(*args, **kwargs)
    self.start_urls = ["http://ecos.bok.or.kr/api/{}/{}/json/kr/1/1000/
    {}/{}/{}/{}"
            .format(self.SERVICE, self.API_KEY, code, cycle, from_ym,
            to_ym)]
```

부모 클래스(super)의 초기화 함수를 실행하고, 입력받은 항목들의 값을 이용해서 URL을 만듭니다. 이제 위의 명령어를 이용해서 스크래피를 실행합니다. 전달된 값으로 URL이 만들어져, 데이터가 적재된 것을 확인할 수 있습니다.

스크래피가 제공하는 로그 정보는 유용하지만, 내용이 많아 정작 필요한 부분을 확인하기 어렵습니다. setting.py에 LOG_LEVEL을 지정하면 이를 해결할 수 있습니다.

```
LOG_LEVEL = 'ERROR'
```

스크래피에서 제공하는 로그 수준은 CRITICAL, ERROR, WARNING, INFO, DEBUG입니다. 순서대로 더 많은 정보를 로그로 제공합니다. 아래와 같이 로그 파일을 지정하면, 출력하지 않고 파일로 저장할 수도 있습니다.

```
scrapy crawl --logfile=result.log collect_base_rate
```

'collect_kor_bank_data.py'라는 파이썬 파일을 하나 만들어서, 다른 데이터도 받아 보겠습니다. 필요한 통계 코드와 기간을 추가해서, 터미널에서 실행할 수 있는 명령어 리스트를 만듭니다. 여기서는 생산자 물가 지수(013Y202), 소비자 물가 지수(021Y125), 금리 정보(098Y001)의 3개 코드를 추가해서 명령어 리스트를 만들어 보았습니다.

터미널 명령어를 실행하기 위해서 os 모듈을 이용합니다. os 모듈은 터미널의 명령어를 파이썬에서 실행할 수 있도록 해 줍니다. 안정적으로 실행하기 위해서 chdir 함수를 이용해 경로를 스크래피 프로젝트가 있는 곳으로 이동합니다.

터미널에서 가상 환경을 실행하기 위해서 'source[가상 환경의 bin 폴더]/activate'를 실행합니다.

system 함수를 이용해서 명령어를 실행합니다. system 함수를 개별로 작성하면, 실행 후 종료되므로 가상 환경에서 명령을 실행할 수 없습니다. 터미널에서 명령어를 연속으로 실행하려면 각각의 명령어를 ';'로 붙여 주면 됩니다. 가상 환경 및 스크래피 실행 명령어를 아래와 같이 입력합니다.

```
import os


code_list = ['013Y202'  # 생산자물가지수
            ,'021Y125' # 소비자물가지수
            ,'098Y001' # 금리정보
            ]

from_ym=201501
to_ym=201912

command_list = ["scrapy crawl -a code={} -a from_ym={} -a to_ym={}
collect_base_rate".format(x, from_ym, to_ym) for x in code_list]

command = ';'.join(command_list)

os.chdir("/Users/open/PycharmProjects/env_scrapy/kor_bank_data")
```

```
os.system("source /Users/open/PycharmProjects/env_scrapy/venv/bin/
activate;"
+command)
```

데이터 수집을 자동으로 하기 위해, 날짜가 자동으로 입력되도록 수정하였습니다. 데이터를 수집하는 기간을 전월로 하기 위해 dateutil 모듈을 사용하였습니다. 파이썬 2에는 기본으로 설치되어 있었지만, 파이썬 3에서는 python-dateutil 패키지를 설치해야 하니 참고하세요.

```
from datetime import datetime
from dateutil.relativedelta import relativedelta

from_ym = datetime.strftime(datetime.today() + relativedelta(months=-1),
"%Y%m")
to_ym = from_ym
```

스크래피 프로젝트 밑에 log 폴더도 만듭니다. 해당 폴더에 실행한 로그를 저장합니다. 실행한 날짜를 파일명으로 하는 로그 파일을 남기는 코드를 추가하였습니다.

```
log_file = "log_" + datetime.strftime(datetime.today(), "%Y%m%d") + ".log"

command_list = ["scrapy crawl -a code={} -a from_ym={} -a to_ym={}
--logfile=./log/{} collect_base_rate".format(x,from_ym,to_ym, log_file) for
x in code_list]
```

자동으로 실행하려면 스케줄을 등록해야 합니다. 웹 서버에 올려서 사용하는 것이 가장 좋지만, 서버를 사용하기 어렵다면 PC에 스케줄을 걸어서 사용할 수도 있습니다.

'3.4 금융 대시보드 만들기'에서는 pythonanywhere라는 사이트를 통해 웹 서버에 올리는 방법에 대해서 알아보겠습니다. PC에서 데이터를 수집하고 싶다면 윈도우는 작업 스케줄러, 맥이나 리눅스는 크론탭(crontab)을 이용하면 됩니다. PC에서 자동으로 코드를 실행하는 방법은 저자의 블로그(https://tariat.tistory.com/924)에서 확인할 수 있습니다. 정기적으로 파일을 실행하여 데이터를 수집할 수 있습니다.

1.5.2 부동산 실거래가 데이터 수집하기

앞에서 국토교통부에서 제공하는 오픈 API로 '상업 · 업무용 부동산 매매 데이터'를 수집하였습니다. 여기서는 스크래피 패키지로 아파트 매매·전세 실거래가 데이터를 수집해 보겠습니다.

먼저, 스크래피 프로젝트를 하나 생성해 줍니다.

```
> scrapy startproject real_estate_data
```

다음으로 scrapy.cfg 파일에서 shell=ipython을 추가하고, setting.py 파일에서 ROBOTSTXT_OBEY=False를 추가해 줍니다.

URL을 만들어서 데이터를 한번 확인해 보겠습니다. 아파트 매매 데이터는 지역 코드, 거래 연월, API키를 입력 파라미터로 넣으면 아래와 같이 XML 코드로 결괏값이 회신되는 것을 확인할 수 있습니다.

- URL: http://openapi.molit.go.kr:8081/OpenAPI_ToolInstallPackage/service/rest/RTMSOBJSvc/getRTMSDataSvcAptTrade?LAWD_CD=11110&DEAL_YMD=201902&serviceKey=[API 키]

```
<response>
<header>
<resultCode>00</resultCode>
<resultMsg>NORMAL SERVICE.</resultMsg>
</header>
<body>
```

```
<items>
<item>
<거래금액> 29,300</거래금액>
<건축연도>2003</건축연도>
<년>2019</년>
<법정동> 익선동</법정동>
<아파트>현대뜨레비앙</아파트>
<월>2</월>
<일>27</일>
<전용면적>43.98</전용면적>
<지번>55</지번>
<지역코드>11110</지역코드>
<층>7</층>
</item>
```

이제 스크래피 프로젝트 폴더에서 스파이더를 생성해 줍니다.

```
> cd real_estate_data
> scrapy genspider collect_real_estate openapi.molit.go.kr
```

부동산 실거래가 데이터를 수집하려면 지역 코드를 알아야 합니다. 데이터를 요청할 때 지역 코드를 이용해서 어느 지역의 데이터를 요청하는지 알려 줘야 하기 때문입니다.

이 지역 코드는 주민등록 주소 코드로 행정안전부 홈페이지(https://www.mois. go.kr/)에 [업무 안내] - [지방 자치 분권실] - [주민등록 및 인감] - [주민등록 및 인감]에 가면 알 수 있습니다. 2~3개월 단위로 변경되기는 하지만, 우리는 구 단위까지의 지역 코드를 알면 되어 자주 변경되지 않습니다. 가장 최근 게시물의 'jscode날짜.zip' 파일 을 다운로드받습니다. 스크래피 프로젝트 폴더 아래 real_estate_date(./real_estate_ data/real_estate_data)에 data라는 폴더를 만들고 'KIKcd_B.날짜.xlsx' 파일을 복 사합니다.

[그림 1-31] 행정안전부 주민등록 주소 코드 확인

엑셀 파일에 있는 법정동 코드에서 앞의 5자리만 필요합니다. 엑셀 파일을 불러와서 법정동 코드 앞 5자리만 가져오는 코드를 작성합니다. 이 때는 판다스 패키지를 이용해서 데이터를 편집합니다. 이에 대한 자세한 설명은 '2.1 데이터 정리하기'를 참조 바랍니다. 해당 파일은 스크래피 프로젝트 폴더 아래 real_estate_date(./real_estate_data/real_estate_data)에 utils.py라는 이름으로 저장하였습니다.

```python
import pandas as pd
```

```python
def get_lawd_cd():
    """
    시·구 기준 지역코드를 불러옵니다.
    """
    code=pd.read_excel("./real_estate_data/data/KIKcd_B_20180122.xlsx")
    code["ji_code"] = code["법정동 코드"].astype(str).str[0:5]
    code_sigu = code[["ji_code", "시도명", "시군구명"]]
    code_sigu.columns = ["ji_code", "si", "gu"]
    code_sigu = code_sigu.drop_duplicates()
    code_sigu = code_sigu.reset_index(drop=True)
    code_sigu = code_sigu.fillna("-")

    return code_sigu
```

다음으로 collect_real_estate.py 파일을 수정합니다. 아파트 매매 데이터와 전월세 데이터는 XML 코드로 결괏값이 회신됩니다. 둘의 XML 코드값이 유사합니다. 그래서 각각의 XML 코드값, 한글명을 튜플로 만듭니다. 그리고, 그에 해당하는 영문명을 딕셔너리 자료형으로 만들어 둡니다. parse 함수에서 XML에서 필요한 결괏값을 추출하고 아이템에 지정하는 작업을 쉽게 하기 위함입니다.

```python
class CollectRealEstateSpider(scrapy.Spider):

    name = 'collect_real_estate'
    allowed_domains = ['openapi.molit.go.kr']

    apt_sale_col = ("거래금액", "건축연도", "년", "월", "일", "법정동", "아파트",
    "전용면적", "지번", "지역코드", "층")
    apt_lent_col = ("건축연도", "년", "법정동", "보증금액", "아파트", "월", "월세
    금액", "일", "전용면적", "지번", "지역코드", "층")
    col_kor_eng = {"거래금액":"price", "건축연도":"build_y", "년":"year",
    "월":"month", "일":"day", "법정동":"dong", "아파트": "apt_nm", "전용면적"
    :"size", "지번":"jibun", "지역코드":"ji_code", "층":"floor", "보증금액":
    "bo_price", "월세금액": "lent_price"}
```

부동산 거래 데이터를 수집하기 위해 지역 코드, 거래 연월, API키를 입력 파라미터로 제공합니다. 이 중에 API키를 제외한 거래 연월과 지역 코드는 스크래피 실행 시 커맨드 입력 인자로 제공받을 수 있도록 작성합니다. 그래야 나중에 거래 연월과 지역 코드를 바꿔 가면서 데이터를 수집하기가 편리합니다.

입력된 정보를 활용해서 수집해야 하는 URL 리스트를 만듭니다. 지역 코드를 입력하지 않으면, 저장한 엑셀 파일의 데이터를 추출해서 전체 지역 코드의 데이터를 수집합니다.

```python
def __init__(self, ym=201812, lawd_cd=None, *args, **kwargs):
    super(CollectRealEstateSpider, self).__init__(*args, **kwargs)

    API_KEY = [API키 입력]
    apt_lent_url = "http://openapi.molit.go.kr:8081/OpenAPI_ToolInstall
    Package/service/rest/RTMSOBJSvc/getRTMSDataSvcAptRent"
    apt_sale_url = "http://openapi.molit.go.kr:8081/OpenAPI_ToolInstall
    Package/service/rest/RTMSOBJSvc/getRTMSDataSvcAptTrade"

    self.ym = ym

    if lawd_cd==None:
        temp = utils.get_lawd_cd()
        self.lawd_list = temp["ji_code"]
    else:
        self.lawd_list = [str(lawd_cd)]

    url_list= list()

    for l in self.lawd_list:
      url_list.append("{}?LAWD_CD={}&DEAL_YMD={}&serviceKey={}"
    .format(apt_lent_url,l,self.ym, API_KEY))

    self.start_urls = url_list
```

다음으로 수집해야 하는 item 정보를 지정해 줍니다. item.py 파일에서 아파트 매매에 해당하는 AptSaleItem과 AptLentItem 클래스를 생성합니다.

```python
import scrapy

class AptSaleItem(scrapy.Item):
    # define the fields for your item here like:
    # name = scrapy.Field()

    price = scrapy.Field()
    build_y = scrapy.Field()
    year = scrapy.Field()
    month = scrapy.Field()
    day = scrapy.Field()
    dong = scrapy.Field()
    apt_nm = scrapy.Field()
    size = scrapy.Field()
    jibun = scrapy.Field()
    ji_code = scrapy.Field()
    floor = scrapy.Field()
    ym = scrapy.Field()
    url = scrapy.Field()

class AptLentItem(scrapy.Item):

    build_y = scrapy.Field()
    year = scrapy.Field()
    dong = scrapy.Field()
    bo_price = scrapy.Field()
    apt_nm = scrapy.Field()
    month = scrapy.Field()
    lent_price = scrapy.Field()
    day = scrapy.Field()
    size = scrapy.Field()
    jibun = scrapy.Field()
    ji_code = scrapy.Field()
    floor = scrapy.Field()
```

```
ym = scrapy.Field()
url = scrapy.Field()
```

collect_real_estate.py 파일의 parser 함수를 수정하여, 회신받은 결과에서 필요한 데이터를 추출하여 Item에 넣습니다. 매매 데이터와 전세 데이터의 레이아웃은 URL로 구분할 수 있습니다. URL을 비교해 보면 마지막 텍스트값이 매매는 getRTMSDataSvcAptTrade, 전월세는 getRTMSDataSvcAptRent입니다. URL에서 이 부분만 추출하는 함수를 utils.py에 만듭니다.

```
def parse_url(url):
    result_url = url.split("RTMSOBJSvc/")[1].split("?")[0]
    return result_url
```

Item 클래스의 객체를 만든 후, xpath를 이용하여 필요한 값을 추출합니다. 수집해야 하는 XML 코드값을 튜플 자료형으로 만들었습니다. for문을 이용해서, xpath로 필요한 값을 추출하고 그에 해당하는 영문명 키에 값을 넣습니다.

여기서 사용한 Xpath는 XML 문서에서 우리가 추출하려는 값의 위치를 지정합니다. 반복문을 이용했지만, 개별로 '//item/거래금액/text()'의 형태가 됩니다. //으로 시작하는 것은 경로에 관계없이 모든 요소에서 기준을 만족하는 값들을 가져오는 것을 의미합니다. '//item/거래금액'으로 작성하면, 모든 item 요소 밑에 거래 금액에 해당하는 코드를 가져옵니다. '/text()'는 코드는 제외하고 텍스트값만 가져오도록 합니다. 마지막으로 getall 함수를 이용해서 매칭하는 모든 값을 리스트 자료형으로 반환합니다.

회신받은 결과가 정상이라면 resultCode의 값이 00으로 회신됩니다. 00이 아닌 경우에는 resultMsg를 출력하고 예외를 발생시킵니다.

URL과 연월에 해당하는 ym 변수도 item 객체에 넣습니다. pipeline에서 이 값을 사용하기 때문입니다. 해당하는 키에 값을 다 넣었으면 item 객체를 반환합니다.

```python
def parse(self, response):

url_cla = utils.parse_url(response.url)

if response.xpath("//resultCode/text()").get() != "00":
        print(response.xpath("//resultMsg/text()").get())
        raise Exception(response.xpath("//resultMsg/text()").get())

if url_cla == "getRTMSDataSvcAptTrade":
        item = re_item.AptSaleItem()
        for col in self.apt_sale_col:
            item[self.col_kor_eng[col]] = response.xpath("//item/{}/text()"
            .format(col)).getall()
            item["url"] = response.url
            item["ym"] = self.ym
            return item
    elif url_cla == "getRTMSDataSvcAptRent":
        item = re_item.AptLentItem()
        for col in self.apt_lent_col:
            item[self.col_kor_eng[col]] = response.xpath("//item/{}/text()"
            .format(col)).getall()
        item["url"] = response.url
        item["ym"] = self.ym
        return item
```

pipeline.py 코드를 수정하여, 수집한 데이터를 MySQL DB에 저장합니다. pipeline 을 사용하기 위해 settings.py에서 ITEM_PIPELINES 부분을 주석에서 코드로 변경 해 줍니다. DB 접속 정보를 작성하고, URL에 따라 아파트 매매 데이터인지 전월세 데 이터인지 구분합니다. 각각의 경우에 해당하는 데이터를 적재 코드를 함수로 작성하 고, 해당 함수를 호출합니다.

```python
class RealEstateDataPipeline(object):
    db_conf = {
        "host": "127.0.0.1",
        "user": "ID를 입력합니다.",
```

```
        "password": "비밀번호를 입력합니다.",
        "database": "finance",
    }

    def process_item(self, item, spider):

        url_cla = utils.parse_url(item["url"])
        logging.info(url_cla)

        if url_cla=="getRTMSDataSvcAptTrade":
            logging.info("아파트 매매내역 {} 수집 시작".format(item["ym"]))
            process_apt_sale(self.db_conf, item)
            logging.info("아파트 매매내역 {}, {} cnt 수집 완료"
            .format(item["ym"], len(item["year"])))
        elif url_cla=="getRTMSDataSvcAptRent":
            logging.info("아파트 전세내역 {} 수집 시작".format(item["ym"]))
            process_apt_lent(self.db_conf, item)
            logging.info("아파트 전세내역 {}, {} cnt 수집 완료"
            .format(item["ym"], len(item["year"])))

        return item
```

아파트 매매 데이터를 DB에 저장하는 process_apt_sale 함수를 만듭니다. DB 접속 정보와 item 객체를 입력 파라미터로 받습니다. 전세 데이터를 DB에 저장하는 것도 테이블명, 칼럼명만 다르지 방법은 동일합니다. 그래서, 테이블명을 변수로 입력해서 전세 데이터를 저장할 때는 이 변숫값을 바꿔 사용합니다.

테이블을 생성할 때는 id값을 하나 둡니다. 아파트 거래는 매매 후 60일 안에 거래 내역을 신고해야 합니다. 그래서, 지난달의 데이터도 추가될 수 있습니다. 이에 지역 코드, 연월, ID를 기본키로 설정하여 중복되는 경우 삭제하고 다시 저장할 수 있도록 합니다. 데이터를 한 건씩 DB에 저장하여 ID를 넣지 않으면, 연월·지역 코드별 데이터가 중복되어 DB에 데이터가 1건밖에 남지 않습니다.

데이터를 수집한 시간을 기록해 두면 나중에 유용하게 사용할 수 있습니다. MySQL

에서는 칼럼을 지정하면 값을 입력하지 않더라도 데이터가 입력된 시간이 자동으로 생성됩니다. 'collected_time TIMESTAMP DEFAULT CURRENT_TIMESTAMP' 와 같이 입력합니다. colleted_time 칼럼을 만들고, 기본값으로 현재 시간이 입력됩니다.

가격에 해당하는 데이터에는 공백과 콤마(,)가 들어 있습니다. 이를 숫자형 데이터로 저장하기 위해 공백과 콤마를 제거하는 함수를 만들어 줍니다.

```python
def remove_for_price(val):
    val = val.replace(" ","")
    val = val.replace(",", "")

    return val
```

Item 객체에 저장된 항목 값들은 리스트 자료형입니다. zip 함수를 이용해서 MySQL 의 REPLACE INTO 구문으로 변경하여 DB에 값을 저장합니다. 가격에 해당하는 item["price"]에는 위에서 만든 remove_for_price 함수를 적용하여 공백과 콤마(,)를 제거해 줍니다. 마지막으로 DB를 저장하고, 연결을 종료합니다.

```python
def process_apt_sale(db_conf, item):
    """
    아파트 매매내역을 DB에 저장합니다.
    :param db_conf: DB 접속 정보
    :param item: 수집한 ITEM 정보
    :return: 수집 결과를 DB에 저장
    """
    table_nm = "APT_SALE"

    con = pymysql.connect(**db_conf)
    cur = con.cursor()

    cur.execute(
        """
```

```
            CREATE TABLE IF NOT EXISTS {} (
            price int,
            build_y int,
            year int,
            month int,
            day int,
            dong VARCHAR(20),
            apt_nm VARCHAR(50),
            size float,
            jibun VARCHAR(10),
            ji_code VARCHAR(10),
            floor int,
            id int,
            ym int,
            collected_time TIMESTAMP DEFAULT CURRENT_TIMESTAMP,
            primary key (ji_code, ym, id))
            """.format(table_nm)
)

idx=1
for price, build_y, year, month, day, dong, apt_nm, size,
jibun, ji_code, floor in zip(item["price"], item["build_y"],
item["year"],item["month"], item["day"],
item["dong"],item["apt_nm"], item["size"], item["jibun"], item["ji_
code"], item["floor"]):
    cur.execute(
        """
        REPLACE INTO {} (price, build_y, year, month, day, dong, apt_
        nm, size, jibun, ji_code, floor, ym) VALUES (%s,
        %s, %s, %s, %s, %s, %s, %s, %s, %s, %s, %s)
        """.format(table_nm), (remove_for_price(price), build_y, year,
        month, day, dong, apt_nm, size, jibun, ji_code, floor,
        item["ym"], idx)
    )
    idx+=1

con.commit()
con.close()
```

```
    return 0
```

동일한 방법으로 전세 데이터를 저장하는 함수도 만들어 줍니다.

```
def process_apt_lent(db_conf, item):
    """
    아파트 전세거래내역을 DB에 저장합니다.
    :param db_conf: DB 접속 정보
    :param item: 수집한 ITEM 정보
    :return: 수집 결과를 DB에 저장
    """
    table_nm = "APT_LENT"

    con = pymysql.connect(**db_conf)
    cur = con.cursor()
    cur.execute(
        """
        CREATE TABLE IF NOT EXISTS {} (
        build_y int,
        year int,
        dong VARCHAR(20),
        bo_price int,
        apt_nm VARCHAR(50),
        month int,
        lent_price int,
        day int,
        size float,
        jibun VARCHAR(10),
        ji_code VARCHAR(10),
        floor int,
        ym int,
        id int,
        collected_time TIMESTAMP DEFAULT CURRENT_TIMESTAMP,
        primary key (ji_code, ym, id))
        """.format(table_nm)
    )
```

```
    idx=1
    for build_y, year, dong, bo_price, apt_nm, month, lent_price, day,
    size, jibun, ji_code, floor in zip( item["build_y"], item["year"],
    item["dong"], item["bo_price"], item["apt_nm"], item["month"],
    item["lent_price"], item["day"], item["size"], item["jibun"],item["ji_
    code"], item["floor"]):
        cur.execute(
            """
            REPLACE INTO {} ( build_y, year, dong, bo_price, apt_nm,
month, lent_price, day, size, jibun, ji_code, floor, ym, id)
VALUES (%s, %s, %s, %s, %s, %s, %s, %s, %s, %s, %s, %s, %s, %s)""".
format(table_nm), (build_y, year, dong, remove_for_price(bo_price), apt_
nm, month, remove_for_price(lent_price), day, size, jibun, ji_code, floor,
item["ym"], idx)
        )
idx+=1

    con.commit()
    con.close()

    return 0
```

아파트 매매 거래 데이터와 전월세 데이터를 입력하는 코드를 완성하였습니다. for문으로 최근 2년 치 데이터를 수집합니다.

```
import os
from datetime import datetime
from dateutil.relativedelta import relativedelta

to_ym_date = datetime.today()
run_base_ymd = datetime.strftime(to_ym_date, "%Y%m%d")
ym_list = [datetime.strftime(datetime.today() + relativedelta(months=-i),
"%Y%m") for i in range(0,24)]

for ym in ym_list:
```

```
os.chdir("/Users/open/PycharmProjects/env_scrapy/real_estate_data")
    os.system("""source /Users/open/PycharmProjects/env_scrapy/venv/
    bin/activate;scrapy crawl --logfile=./log/result_{}.log -a ym={}
    collect_real_estate """.format(run_base_ymd, ym))
```

매일 코드를 실행하여 과거 데이터를 업데이트하고, 신규 데이터를 추가하는 코드를 작성합니다. 위의 코드에서 for문의 숫자를 24에서 3으로 바꾸면, 3개월 이전 데이터부터 업데이트할 수 있습니다.

부동산 거래 데이터를 수집하다 보면, 로그에서 "WARNING: Got data loss in~"과 같은 경고를 볼 수 있습니다. 데이터를 수신하는 중에 손실이 발생했다는 경고입니다. settings.py 파일에 RETRY_ENABLED=True를 추가하면, 손실이 발생한 경우 데이터를 다시 수신할 수 있습니다.

1.5.3 주가 정보 수집하기

주가 정보를 수집할 수 있는 곳은 많습니다. 주가 정보를 수집할 때는 수정 주가를 수집하는 것이 중요합니다. 주식의 가격은 시가 총액을 발행 주식수로 나눠서 계산합니다. 이때 액면 분할이나 증자를 통해 발행 주식수가 감소하거나 증가하면 주가도 크게 변합니다. 이렇게 되면 데이터를 분석하기가 까다롭습니다. 증자나 액면 분할에 따른 주식 가격의 차이를 수정한 주가가 수정 주가입니다. 앞에서 다룬 Finance DataReader 패키지는 수정 주가를 제공합니다. 이 패키지를 이용하여 주가 데이터를 수집해 보겠습니다.

먼저, 필요한 패키지와 MySQL DB 서버 접속 정보를 입력합니다.

```
import FinanceDataReader as fdr
import pymysql
from tqdm import tqdm
```

```python
from datetime import datetime

db_conf = {
    "host": "127.0.0.1",
    "user": "test",
    "password": "test11",
    "database": "finance",
}
```

수집하려는 데이터는 종목 코드와 주가 데이터 2가지입니다. 이 2가지 데이터를 저장할 MySQL 테이블을 만드는 함수를 작성하였습니다.

```python
def create_table(db_conf):

    con = pymysql.connect(**db_conf)
    cur = con.cursor()

    cur.execute(
        """
        CREATE TABLE IF NOT EXISTS STOCK_CODE (
        symbol VARCHAR(6),
        name VARCHAR(30),
        sector VARCHAR(40),
        industry VARCHAR(200),
        collected_time TIMESTAMP DEFAULT CURRENT_TIMESTAMP,
        primary key (symbol))
        """)

    cur.execute(
        """
        CREATE TABLE IF NOT EXISTS STOCK_DATA (
        date VARCHAR(10),
        open int,
        high int,
        low int,
        close int,
```

```
        volume int,
        change_rate float,
        symbol VARCHAR(6),
        collected_time TIMESTAMP DEFAULT CURRENT_TIMESTAMP,
        primary key (date, symbol))
        """
    )

    con.commit()
    con.close()

    return 0
```

데이터를 MySQL DB의 테이블에 저장할 때 REPLACE INTO문을 이용해서 저장합니다. 기본키가 중복되는 행들은 변경되어, 동일 기준의 데이터를 여러 번 저장할 때 좋은 방법입니다.

```
def insert_code(df):

    con = pymysql.connect(**db_conf)
    cur = con.cursor()

    for symbol, name, sector, industry in zip(df["Symbol"], df["Name"],
    df["Sector"], df["Industry"]):
        cur.execute(
            """
            REPLACE INTO STOCK_CODE (symbol, name, sector, industry) VALUES
            (%s, %s, %s, %s)
            """, (symbol, name, sector, industry))

    con.commit()
    con.close()

    return 0

def insert_stock_data(db_conf, symbol, df):
```

```
df = df.reset_index(drop=False)
df["Date"] = df["Date"].astype(str)
df["Change"] = df["Change"].fillna(0)

con = pymysql.connect(**db_conf)
cur = con.cursor()

for date, open, high, low, close, volume, change in zip(df["Date"],
df["Open"], df["High"], df["Low"], df["Close"], df["Volume"],
df["Change"]):
    cur.execute(
        """
        REPLACE INTO STOCK_DATA (date, open, high, low, close, volume,
        change_rate, symbol) VALUES (%s, %s, %s, %s, %s, %s, %s, %s)
        """, (date, open, high, low, close, volume, change, symbol))

con.commit()
con.close()

return 0
```

이제 FinanceDataReader 패키지를 이용해서 주가 코드 데이터를 수집합니다. 먼저 MySQL에 테이블을 만드는 함수를 실행합니다. 그리고 StockListing 함수를 호출하여 종목 데이터를 가져옵니다. 칼럼 중에 일부 NaN(Not a Number)값이 있어, 데이터를 저장할 때 에러가 발생합니다. 판다스 데이터 프레임의 fillna 함수를 이용해서 NaN을 공백으로 교체해 줍니다. 다음에 위에서 정의한 insert_code 함수를 이용해서 데이터를 저장합니다.

```
create_table(db_conf)
df_krx = fdr.StockListing('KRX')
df_krx = df_krx.fillna("")
insert_code(df_krx)
```

주가 데이터를 수집할 때는 DataReader라는 함수를 이용하고, 종목 코드와 수집을 시작할 연도를 지정해야 합니다. 해당 연도부터 현재까지의 데이터를 수집할 수 있습니다.

위에서 수집한 데이터에서 종목 코드만 symbol_list 변수에 저장합니다. 그리고 for문을 이용해서 종목별로 데이터를 수집하고, MySQL 테이블에 데이터를 저장합니다.

반복문을 이용할 때 in의 뒷부분, 전체 리스트에 해당하는 부분을 tqdm 함수로 감싸면 for문을 실행할 때 진행바가 출력됩니다. tqdm 패키지에는 for문의 진행바를 나타내는 다양한 옵션이 있습니다. 자세한 내용이 궁금하면, tqdm 깃허브 패키지를 참조하기 바랍니다. (https://github.com/tqdm/tqdm)

```python
symbol_list = df_krx["Symbol"]

for symbol in tqdm(symbol_list):
    try:
        df_sto = fdr.DataReader(symbol, year)
        insert_stock_data(db_conf, symbol, df_sto)
    except Exception as e:
        print(symbol, end=",")
        print(e)
```

위의 종목 코드를 수집하는 부분부터 주가 데이터를 수집하는 부분까지를 함수로 만들면 다음에 데이터를 업데이트하기 편리합니다. 연도를 입력 파라미터로 받아서, 주가 데이터를 수집하는 함수를 작성합니다. 그리고, 현재 날짜에서 연도를 자동으로 계산하여 함수를 실행하게 합니다. 이후에 주가 데이터 업데이트가 필요할 때는 해당 코드만 실행하면 됩니다.

```python
def stock_data_collect(year):
    종목코드 수집 부분 추가
    주가 데이터 수집 부분 추가
```

```
if __name__ == '__main__':

    year = str(datetime.now().year)
    stock_data_collect(year)
```

1.5.4 재무제표 데이터 수집하기

상장 기업의 재무제표 데이터를 수집하는 방법은 여러 가지가 있습니다. 한국거래소
나 전자공시시스템에서 제공하는 OPEN API를 이용하는 방법 또는 컴퍼니 인포나 네
이버 증권 등 증권 정보를 제공하는 사이트에서 재무제표 데이터를 크롤링하는 방법
이 있습니다. 예전에는 전자공시시스템에서 재무제표 정보를 OPEN API로 제공하지
않았지만, 지금은 제공합니다.

여기서는 OPEN DART에서 제공하는 API를 이용해서 기업의 재무제표 데이터를 수
집하겠습니다. OPEN DART 사이트에 방문하고 회원가입을 하면, API 사용을 위한
인증키를 발급받을 수 있습니다.

[그림 1-32] OPEN DART 홈페이지(https://opendart.fss.or.kr)

[개발 가이드] - [상장 기업 재무 정보] 메뉴에 가면, 수집하려는 데이터를 확인할 수 있습니다. '단일 회사 주요 계정' 정보를 제공하는 API를 이용하면 되겠습니다. 재무제표 정보를 요청하려면 수집하려는 기업의 고유 번호를 알아야 합니다. 이는 [공시 정보] 메뉴에 '고유 번호'를 제공하는 API를 이용하면 알 수 있습니다. 테스트로 삼성전자 18년 사업 보고서를 확인해 보겠습니다. 총 4개의 입력 파라미터를 url에 넣어야 합니다.

- url: https://opendart.fss.or.kr/api/fnlttSinglAcnt.xml

키	명칭	값
crtfc_key	API 인증키	발급받은 인증키
corp_code	고유 번호	공시 대상 회사의 고유 번호 8자리
bsns_year	사업 연도	사업 연도(4자리)
reprt_code	보고서 코드	1분기: 11013, 반기: 11012, 3분기: 11014, 사업 보고: 11011

[표 1-11] 단일 회사 주요 계정 입력 파라미터

아래와 같이 삼성전자 19년도 사업 보고서 url을 만들어 웹 브라우저에 입력하면, 수신받은 데이터를 확인할 수 있습니다.

- url: https://opendart.fss.or.kr/api/fnlttSinglAcnt.xml?crtfc_key=발급받은 인증키 입력&corp_code=00126380&bsns_year=2018&reprt_code=11011

스크래피 프로젝트를 새로 추가하고, 스파이더도 하나 만듭니다.

```
> scrapy startproject fs_data
> cd fs_data
> scrapy genspider collect_fs_data opendart.fss.or.kr/
```

scrapy.cfg에 shell=ipython을 추가하고, setting.py 파일에는 ROBOTSTXT_OBEY값을 False로 변경합니다.

Item.py 파일에 가서 수집해야 하는 항목들을 입력합니다.

```python
class FsDataItem(scrapy.Item):
    rcept_no = scrapy.Field()
    corp_code = scrapy.Field()
    stock_code = scrapy.Field()
    account_nm = scrapy.Field()
    fs_div = scrapy.Field()
    fs_nm = scrapy.Field()
    sj_div = scrapy.Field()
    sj_nm = scrapy.Field()
    thstrm_nm = scrapy.Field()
    thstrm_dt = scrapy.Field()
    thstrm_amount= scrapy.Field()
    frmtrm_nm  = scrapy.Field()
    frmtrm_dt  = scrapy.Field()
    frmtrm_amount  = scrapy.Field()
    bfefrmtrm_nm = scrapy.Field()
    bfefrmtrm_dt = scrapy.Field()
    bfefrmtrm_amount = scrapy.Field()
    ord = scrapy.Field()
```

collect_fs_data.py 파일에서 item 클래스를 가져오는 import문을 작성합니다. 그리고, 수집해야 하는 url을 구성하고 parse 함수를 만들어 줍니다.

```python
# -*- coding: utf-8 -*-
import scrapy
from fs_data.items import FsDataItem

class CollectFsDataSpider(scrapy.Spider):
    name = 'collect_fs_data'
```

```
CRTFC_KEY = "발급받은 인증키를 입력합니다"
corp_code = "00126380"
bsns_year = "2018"
reprt_code = "11011"
url = "https://opendart.fss.or.kr/api/fnlttSinglAcnt.xml?
crtfc_key={}&corp_code={}&bsns_year={}&reprt_code={}".format(
    CRTFC_KEY, corp_code, bsns_year, reprt_code)

col_list = ['rcept_no', 'corp_code', 'stock_cdoe', 'account_nm',
            'fs_div', 'fs_nm', 'sj_div','sj_nm','thstrm_nm',
            'thstrm_dt','thstrm_amount', 'frmtrm_nm','frmtrm_
            dt','frmtrm_amount','bfefrmtrm_nm','bfefrmtrm_
            dt','bfefrmtrm_amount','ord']

allowed_domains = ['opendart.fss.or.kr']
start_urls = [url]
```

API 수신 결과를 체크하고, 원하는 항목들을 찾아 item 객체에 넣는 parse 함수를 작성합니다.

```
def parse(self, response):
    # API 수신 결과 확인
    if response.xpath("//status/text()").get() !="000":
        raise Exception(response.xpath("//message/text()").get())
    item = FsDataItem()
    for col in self.col_list:
        item[col] = response.xpath("//list/{}/text()".format(col)).
        getall()

    return item
```

터미널에서 다음 코드와 같이 스크래피를 실행하여 데이터가 정상적으로 수집되는지 확인해 봅니다.

```
> scrapy crawl collect_fs_data -o result.json
```

정상적으로 잘 수집되면, 이제 pipeline.py 코드를 수정합니다. MySQL DB에 저장하는 코드를 추가합니다. setting.py 코드에 가서 ITEM_PIPELINES이 주석 처리된 부분도 해제합니다.

MySQL DB 접속 정보를 db_conf 변수에 저장합니다. 테이블을 생성하고, 값을 DB에 저장하는 REPLACE INTO 구문을 작성합니다. 매출액 같은 숫자는 콤마(,)와 공백을 제거하고 BIGINT 데이터 타입으로 저장합니다.

```python
import pymysql

def remove_for_price(val):
    val = val.replace(" ","")
    val = val.replace(",", "")

    return val

class FsDataPipeline(object):

    db_conf = {
        "host": "127.0.0.1",
        "user": "test",
        "password": "test11",
        "database": "finance",
    }

    def process_item(self, item, spider):

        table_nm = "FS_DATA"

        con = pymysql.connect(**self.db_conf)
        cur = con.cursor()
        cur.execute(
```

```python
        """
        CREATE TABLE IF NOT EXISTS {} (
            rcept_no VARCHAR(20),
            corp_code VARCHAR(8),
            stock_code VARCHAR(6),
            account_nm VARCHAR(20),
            fs_div VARCHAR(10),
            fs_nm VARCHAR(30),
            sj_div VARCHAR(10),
            sj_nm VARCHAR(30),
            thstrm_nm VARCHAR(10),
            thstrm_dt VARCHAR(30),
            thstrm_amount BIGINT,
            frmtrm_nm VARCHAR(10),
            frmtrm_dt VARCHAR(30),
            frmtrm_amount BIGINT,
            bfefrmtrm_nm VARCHAR(10),
            bfefrmtrm_dt VARCHAR(30),
            bfefrmtrm_amount BIGINT,
            ord INT,
            collected_time TIMESTAMP DEFAULT CURRENT_TIMESTAMP,
            primary key (rcept_no, corp_code, thstrm_dt, ord))
        """.format(table_nm)
    )

for rcept_no, corp_code, stock_code, account_nm, fs_div, fs_nm,
sj_div,sj_nm,thstrm_nm,thstrm_dt,thstrm_amount,frmtrm_nm,
frmtrm_dt,frmtrm_amount,bfefrmtrm_nm,bfefrmtrm_dt, bfefrmtrm_
amount, ord in zip(item["rcept_no"], item["corp_code"],
item["stock_code"], item["account_nm"], item["fs_div"],
item["fs_nm"], item["sj_div"],item["sj_nm"], item["thstrm_nm"],
item["thstrm_dt"], item["thstrm_amount"],item["frmtrm_nm"],
item["frmtrm_dt"], item["frmtrm_amount"],item["bfefrmtrm_nm"],
item["bfefrmtrm_dt"], item["bfefrmtrm_amount"], item["ord"]):
    cur.execute(
        """
        REPLACE INTO {} ( rcept_no, corp_code, stock_code,
        account_nm, fs_div, fs_nm, sj_div, sj_nm, thstrm_nm,
```

```
                      thstrm_dt, thstrm_amount,frmtrm_nm,frmtrm_dt,frmtrm_amount,
                      bfefrmtrm_nm,bfefrmtrm_dt, bfefrmtrm_amount, ord)
                      VALUES %s, %s, %s, %s, %s, %s, %s, %s, %s, %s, %s, %s, %s,
                      %s, %s, %s, %s, %s)""".format(table_nm),
                      ( rcept_no, corp_code, stock_code, account_nm, fs_div,
                      fs_nm, sj_div,sj_nm,thstrm_nm,thstrm_dt,remove_for_
                      price(thstrm_amount),frmtrm_nm,frmtrm_dt,remove_for_
                      price(frmtrm_amount), bfefrmtrm_nm,bfefrmtrm_dt,remove_
                      for_price(bfefrmtrm_amount), ord
                      )
                )

        con.commit()
        con.close()

        return 0
```

다른 종류의 보고서도 받기 쉽도록 코드를 수정하겠습니다. 기업 코드, 연도, 보고서
종류를 스크래피 실행 시 입력 파라미터로 받을 수 있게 합니다. collect_fs_data.py
파일의 앞부분에 수집할 URL을 만드는 부분을 아래와 같이 수정합니다.

```
class CollectFsDataSpider(scrapy.Spider):
    name = 'collect_fs_data'
    col_list = ['rcept_no', 'corp_code', 'stock_code', 'account_nm', 'fs_
            div','fs_nm', 'sj_div', 'sj_nm','thstrm_nm','thstrm_dt',
            'thstrm_amount', 'frmtrm_nm','frmtrm_dt','frmtrm_amount',
            'bfefrmtrm_nm','bfefrmtrm_dt','bfefrmtrm_amount', 'ord']
    allowed_domains = ['opendart.fss.or.kr']

    def __init__(self, year = "2018", corp_code = "00126380", reprt_code =
    "11011", *args, **kwargs):
        super(CollectFsDataSpider, self).__init__(*args, **kwargs)

        CRTFC_KEY = "발급받은 인증키를 입력합니다."

        url= "https://opendart.fss.or.kr/api/fnlttSinglAcnt.xml?crtfc_
```

```
    key={}&corp_code={}&bsns_year={}&reprt_code={}".format(
        CRTFC_KEY, str(corp_code), str(year), str(reprt_code))

    self.start_urls = [url]
```

터미널이나 명령 프롬프트에서 스크래피를 실행하여 데이터가 잘 수집되는지 확인합니다. 아래와 같이 다른 연도의 사업 보고서를 수집해 보았습니다.

```
> scrapy crawl -a year=2018 -a corp_code=00126380 -a rept_code=11011
collect_fs_data
```

다른 기업의 코드는 오픈 다트 시스템에서 API로 제공합니다. 이 API를 이용하여 기업 고유 번호를 확인하고, 다른 기업의 재무제표 데이터도 수집하겠습니다. 기업 고유 번호를 제공하는 API는 [개발 가이드] - [공시 정보] - [고유 번호]에서 확인할 수 있습니다. API를 호출하면 zip 파일로 결과를 회신해 줍니다. urlretrieve 함수를 이용해서 이 파일을 PC에 저장합니다. urlretrieve는 URL에 있는 파일을 PC에 저장하는 함수입니다.

zip 파일의 압축을 풀기 위해 터미널 명령어를 이용합니다. os.system 함수를 이용해서 터미널에서 압축을 푸는 명령을 실행합니다. 각자 가진 압축 프로그램을 실행하여 압축을 풀면 되겠습니다. 압축을 푸는 자세한 방법은 저자의 블로그(https://tariat.tistory.com/926)에서 확인할 수 있습니다.

압축을 풀면 CORPCODE.xml이라는 파일이 나옵니다. open 함수를 이용하여 해당 파일을 열고, 문자를 result라는 변수에 저장합니다.

Beautifulsoup를 이용하여 xml 파일을 파싱하고, list 태그의 정보를 모아 줍니다. xml은 보통 lxml-xml 파서를 이용합니다. 하지만 데이터가 잘리는 현상이 발생해서, html.parser를 이용하였습니다.

기업 고유 번호를 모을 때 주식 종목 코드가 없는 데이터는 제외하고 수집하였습니다. 기업 고유 번호는 corp_code 태그에, 주식 종목 코드는 stock_code 태그에 있습니다.

사용하기 쉽도록 collect_corp_code라는 함수로 만들었습니다.

```python
from urllib.request import urlopen
from urllib.request import urlretrieve
from bs4 import BeautifulSoup
from tqdm import tqdm
import os

def collect_corp_code():
    CRTFC_KEY = "발급받은 인증키"
    url = https://opendart.fss.or.kr/api/corpCode.xml?crtfc_key={}
    .format(CRTFC_KEY)
    urlretrieve(url, "corp_code.zip")
    os.system("unzip corp_code.zip")

    result =""
    with open("CORPCODE.xml", "r") as file:
        for f in file:
            result = result + f

    result_xml = BeautifulSoup(result, 'html.parser')
    all_list = result_xml.find_all("list")
    corp_code = []

    for l in tqdm(all_list):
        if l.find("stock_code").text != ' ':
            corp_code.append(l.find("corp_code").text)

    return corp_code
```

이제 수집한 기업 고유 번호에 해당하는 재무제표를 수집하는 코드를 작성하겠습니다.

```
if __name__ == '__main__':
    corp_list = collect_corp_code()
    os.chdir("/Users/open/PycharmProjects/env_scrapy/fs_data")

    for c in tqdm(corp_list):
        os.system("source /Users/open/PycharmProjects/env_scrapy/venv/bin/
        activate;scrapy crawl -a year=2019 -a corp_code={} -a rept_
        code=11011 --logfile=./log/collect_fs_data.log collect_fs_data".
        format(c))
```

여기까지 주요 경제 지표, 부동산, 주가, 기업 재무제표 정보를 수집해 보았습니다. 일부 데이터를 제외하고, 대부분 오픈 API를 이용해서 수집하였습니다. 점점 많은 금융 데이터가 오픈 API로 제공됩니다.

웹 크롤링할 때는 주의할 점이 하나 있습니다. 특정 웹사이트에 정보 요청을 과도하게 하면, IP가 차단될 수 있습니다. 이런 경우를 막기 위해 time과 random 모듈을 이용해서 중간에 시간 간격을 두고 데이터를 수집합니다. 이에 대한 자세한 방법은 저자의 블로그(https://tariat.tistory.com/927)에서 확인할 수 있습니다.

금융 데이터 외에 다른 데이터를 수집하는 것도 방법은 동일합니다. 다른 데이터를 수집할 때도 위의 방법들을 변형하여 사용하면 됩니다.

2

금융 데이터 분석하기

금융 데이터 분석하기

우리가 수집한 금융 데이터는 대부분 테이블 형태의 데이터입니다. 테이블 형태는 행과 열로 이루어진 자료형을 말합니다. 테이블 형태의 데이터를 다루기 위해서 주로 사용하는 패키지는 판다스(Pandas)입니다. 여기서는 파이썬보다 판다스 패키지의 활용법을 잘 아는 것이 중요합니다.

데이터를 시각화하여 분석하면, 쉽고 빠르게 원하는 인사이트를 얻을 수 있습니다. 데이터를 시각화하는 패키지가 여러 가지 있습니다. 이 중에서 시본(seaborn) 패키지가 데이터 분석에 적합하다고 생각합니다. 문법도 직관적이고, 변수들 간의 관계를 나타내는 다양한 그래프도 그릴 수 있기 때문입니다.

판다스와 시본 패키지를 이용해서 데이터를 분석하는 방법에 대해서 알아보겠습니다.

2.1 데이터 정리하기

판다스(Pandas) 패키지를 이용하면 데이터를 편리하고 쉽게 정리할 수 있습니다. 여기서는 많이 사용하거나 유용한 기능 위주로 데이터를 정리하는 방법에 대해서 알아보겠습니다.

2.1.1 데이터 확인

MySQL DB에 저장한 부동산 거래 데이터를 판다스 데이터 프레임으로 불러오겠습니다. DB에 있는 데이터를 불러올 때는 read_sql 함수를 이용합니다. 불러온 데이터는 df라는 변수에 저장합니다.

```
import pymysql
import pandas as pd

db_conf = {
    "host": "127.0.0.1",
    "user": "test",
    "password": "test11",
    "database": "finance",
}

con = pymysql.connect(**db_conf)
df = pd.read_sql("SELECT * FROM APT_SALE WHERE ym=201912", con)
```

데이터를 분석하기 전에는 개수가 몇 개인지, 결측치는 없는지, 어떤 값들이 있는지 확인하고 나서 분석하는 것이 좋습니다. 해당하는 함수들을 앞글자만 따서 정리하면 기억하기 쉽습니다. 데이터 분포를 확인할 때는 히스토그램을 많이 그립니다. histogram의 앞 네 글자 'hist'를 이용하면 아래와 같이 정리할 수 있습니다.

```
                    df.head()
                    df.info()
        df["칼럼명"].duplicated().sum()
                    df.dtypes
```

head 함수는 앞의 5개 데이터를 보여 줍니다. 더 많은 데이터를 보고 싶다면, 괄호 안에 원하는 숫자를 입력하면 됩니다. tail 함수를 이용하면 뒤에서 5개의 데이터를 볼 수 있습니다.

```
In[2]:   df.head()
Out[2]:
price    build_y   year     month   day   dong   ...
0        94000     2007 2019   12      26    필운동   ...
1        125000    2008 2019   12       3    사직동   ...
2        159000    2008 2019   12      16    사직동   ...
3        130000    2008 2019   12      18    사직동   ...
4        155000    2008 2019   12      23    사직동   ...
```

데이터 프레임의 칼럼이 많은 경우, head 함수를 이용하면 가로 폭이 너무 길어 데이터를 확인하기 어렵습니다. 이럴 때는 .T를 붙이면 행과 열이 바뀌어 출력됩니다. 전치 행렬을 구한다고 생각하면 되겠습니다.

```
In[8]:   df.head().T
Out[8]:
                 0           1           2           3           4
price            94000       125000      159000      130000      155000
build_y          2007        2008        2008        2008        2008
year             2019        2019        2019        2019        2019
month            12          12          12          12          12
day              26          3           16          18          23
dong             필운동        사직동        사직동        사직동        사직동
apt_nm           신동아블루아광화문의 꿈  광화문풍림스페이스본(101동~105동) ...
size             107.5       126.34      153.42      108.55      159.01
jibun            254         9           9-1         9           9
ji_code          11110       11110       11110       11110       11110
floor            7           4           11          5           9
ym               201912      201912      201912      201912      201912
id               1           2           3           4           5
collected_time   2020-02-18 23:06:58   2020-02-18 23:06:58        ...
```

Info 함수를 이용하면 데이터의 개수와 칼럼별 결측치의 개수가 몇 개인지 확인할 수 있습니다.

```
In[2]:   df.info()
Out[2]:
<class 'pandas.core.frame.DataFrame'>
RangeIndex: 69916 entries, 0 to 69915
Data columns (total 14 columns):
price             69916 non-null int64
build_y           69916 non-null int64
year              69916 non-null int64
month             69916 non-null int64
day               69916 non-null int64
dong              69916 non-null object
apt_nm            69916 non-null object
size              69916 non-null float64
jibun             69916 non-null object
ji_code           69916 non-null object
floor             69916 non-null int64
ym                69916 non-null int64
id                69916 non-null int64
collected_time    69916 non-null datetime64[ns]
dtypes: datetime64[ns](1), float64(1), int64(8), object(4)
memory usage: 7.5+ MB
```

duplicated()는 데이터의 중복을 확인할 수 있는 함수입니다. 데이터의 중복이 발생할 경우, 두 번째 발생한 데이터부터 True값을 반환해 줍니다. True는 숫자로 1에 해당하여, 합계를 구하면 중복된 데이터가 얼마나 있는지 확인할 수 있습니다.

각 칼럼별 중복된 개수를 확인해 보았습니다. columns값을 호출하면, 데이터 프레임의 칼럼명을 확인할 수 있습니다.

```
for col in df.columns:
    print("{}: {}".format(col, df[col].duplicated().sum()))
```

dtypes을 이용하면, 각 칼럼의 데이터 타입을 알 수 있습니다. 데이터가 어떤 타입인지에 따라 사용 방법이 다릅니다. 확인하고 데이터에 맞지 않은 타입이면 변경해 줍니다. Int64는 정수형, float64는 소수형, object는 문자형, datetime64[ns]는 날짜와 시간형 데이터입니다.

```
price                      int64
build_y                    int64
year                       int64
month                      int64
day                        int64
dong                      object
apt_nm                    object
size                     float64
jibun                     object
ji_code                   object
floor                      int64
ym                         int64
id                         int64
collected_time    datetime64[ns]
dtype: object
```

데이터 타입을 변경하려면 astype이라는 함수를 사용합니다. 함수 안에 변경하고 싶은 데이터 타입을 입력 파라미터로 넣습니다. 예를 들어 price 데이터를 문자형으로 변경하였다가, 다시 정수형 데이터로 변경하고 싶다면 아래와 같이 작성합니다.

```
df["price"] = df["price"].astype(str)
df["price"] = df["price"].astype(int)
```

이 외에도 describe 함수를 이용하면 평균, 표준 편차, 최댓값, 최솟값, 사분위수 등을 알 수 있어 유용합니다.

```
df.describe()=np.log(df["price"])
```

2.1.2 데이터 가공

데이터 타입별로 계산하기

수치형 데이터(int, float)를 계산할 때는, 데이터 프레임에 칼럼명을 넣어서 계산하면 됩니다. 수집한 부동산 가격 데이터는 만원 단위입니다. 억원 단위로 바꾸고 싶다면, 아래와 같이 10000으로 나눕니다.

```
df["price_10000"] = df["price"]/10000
df["price_10000"] = df["price"] ** 2,   #제곱
```

log 등의 수학 함수를 이용해야 할 때는 numpy 패키지와 같이 사용하면 됩니다.

```
import numpy as np
df["price_log"]=np.log(df["price"])
```

문자열을 계산할 때는 접속사 str을 붙이고, 문자열에 사용하는 인덱싱과 함수를 그대로 사용하면 됩니다.

```
df["yy"]=df["ym"].str[0:4]
df["dong"]=df["dong"].str.replace("동","")
```

행 선택 및 수정

행을 선택하는 방법은 인덱스를 이용하는 방법과 특정 조건에 맞는 행을 선택하는 방법이 있습니다. 인덱스는 SQLite3의 인덱스와 유사한 개념으로 인덱스를 잘 지정하면 데이터 처리 작업을 빠르고 효율적으로 할 수 있습니다. 별도로 인덱스를 지정하지 않으면 0,1,2,3,4의 숫자값이 들어갑니다. 이 값을 이용해서 특정 행을 선택할 수도 있습니다.

인덱스가 4인 행을 찾고 싶다면, 다음 페이지와 같이 입력하면 됩니다.

```
In[7]:  df.iloc[4]
Out[7]:
price                              155000
build_y                              2008
year                                 2019
month                                  12
day                                    23
dong                                  사직동
apt_nm            광화문풍림스페이스본(101동~105동)
size                               159.01
jibun                                   9
ji_code                             11110
floor                                   9
ym                                 201912
id                                      5
collected_time        2020-02-18 23:06:58
Name: 4, dtype: object
```

특정 칼럼을 인덱스로 지정하고 싶다면, set_index("칼럼명")을 이용하면 됩니다. 인덱스를 해제하고 싶다면, reset_index() 함수를 이용합니다. 이때 인덱스로 설정된 칼럼을 삭제하고 싶다면, reset_index(drop=True)로 실행합니다.

```
df = df.set_index("apt_nm")
df = df.reset_index()
df = df.reset_index(drop=True)
```

특정 조건의 행을 찾으려면 df[조건]의 형식으로 입력합니다. 조건은 'df["칼럼명"]==값' 같은 형태로 작성합니다. 예를 들어 거래 금액이 10억 이상인 거래 건만 추출하고 싶다면 아래와 같이 작성합니다. 가격 데이터가 만원 단위이므로 100,000 이상인 데이터를 추출합니다.

```
df[df["price"]>=100000]
```

and 조건은 '&', or 조건은 '|' 기호를 입력합니다. 조건은 괄호로 감싸야 합니다.

```
df[(df["price"]>=100000) & (df["size"]<99)]
```

칼럼을 새로 만들고, 특정 조건에 따라 값을 수정하고 싶다면 아래와 같이 입력합니다. loc는 조건에 따른 행과 열을 추출할 수 있습니다. 앞에는 행의 조건이, 뒤에는 열의 조건이 들어갑니다.

```
df["under_30"]=0
df.loc[df["size"]<99, "under_30"]=1
```

인덱스를 기준으로 특정 행을 삭제하는 것도 가능합니다. 변경 내용을 유지하려면 새로운 데이터 프레임에 할당하거나, inplace 입력 파라미터를 True로 실행합니다.

```
df.drop(0, inplace=True)
```

중복된 데이터를 제거하고 싶을 때는 drop_duplicates 함수를 이용합니다. subset 입력 파라미터에 칼럼 리스트를 입력하면, 특정 칼럼이 중복인 데이터를 삭제할 수 있습니다. keep 입력 파라미터에 "first"라고 입력하면, 중복 데이터가 발생할 경우 첫 번째 값만 남기고 나머지는 삭제합니다. "last"라고 입력하면 마지막 값만 남기고 삭제합니다. 기본값은 "first"입니다.

```
df_nodup = df.drop_duplicates(subset=["floor"], keep="last")
```

열 선택 및 수정

특정 열을 선택하고자 할 때는 대괄호를 사용하고, 칼럼명을 넣습니다.

```
In[14]: con = pymysql.connect(**db_conf)
        cur = con.cursor()
        df = pd.read_sql("SELECT * FROM APT_LENT LIMIT 10", con)
        con.close()
        df["apt_nm"]
Out[14]:
0     광화문풍림스페이스본(101동~105동)
1     광화문풍림스페이스본(101동~105동)
2     광화문풍림스페이스본(101동~105동)
3     광화문풍림스페이스본(101동~105동)
4     광화문풍림스페이스본(101동~105동)
Name: apt_nm, dtype: object
```

칼럼이 여러 개라면 리스트 자료형으로 넣어 줍니다.

```
In[15]: df[["month", "day", "floor"]]
Out[15]:
    month  day  floor
0   12     5    6
1   12     5    3
2   12     6    8
3   12     13   3
4   12     23   10
```

분석하다 보면 같은 데이터 타입의 칼럼만 필요할 때가 있습니다. 이럴 때는 select_ dtypes 함수를 이용하면 편리합니다. number를 입력하면 숫자형 데이터의 칼럼을, "O"를 입력하면 문자형 데이터의 칼럼을 추출합니다. int나 float, datetime 타입의 칼럼만 추출하는 것도 가능합니다. include를 쓰면 해당 데이터 타입의 칼럼만 가져 오고, exclude를 이용하면 제외한 나머지 칼럼의 데이터만 가져옵니다.

```
In[16]: df_10.select_dtypes("number")
Out[16]:
    build_y  year  bo_price  month  lent_price  day  size  floor  ym  id
```

0	2008	2019	3000	12	350	5	151.81	6	201912	1
1	2008	2019	47000	12	160	5	126.34	3	201912	2
2	2008	2019	55000	12	155	6	151.81	8	201912	3
3	2008	2019	70000	12	0	13	94.51	3	201912	4
4	2008	2019	70000	12	0	23	94.28	10	201912	5

칼럼명을 변경하고 싶을 때는 rename 함수를 사용합니다. rename 함수 안에 변경하려는 칼럼명을 아래와 같이 딕셔너리 자료형으로 입력합니다. rename 함수 안에 입력 파라미터 columns을 명시해야 정상적으로 작동합니다.

```
df = df.rename(columns={"dong":"동", "day":"일"})
```

전체 칼럼명을 변경하고 싶다면, 데이터 프레임의 columns이라는 변수에 원하는 칼럼명을 리스트 자료형으로 입력합니다.

```
df.columns=["건축연도","년","동","보증금가격","아파트명","월","월세","거래일",
"크기","지번","코드","층","연월","id","시간"]
```

칼럼 단위로 계산할 때는 각각의 칼럼명을 명시하고, 변수를 계산하듯이 하면 됩니다.

```
df["평수"] = df["크기"]/3.3
```

복잡한 연산이 필요할 때는 apply 함수를 사용하는 것이 좋습니다. 필요한 연산을 함수로 정의하고, apply 함수를 적용하면 행이나 열 단위로 필요한 계산을 할 수 있습니다.

```
def cla_lent(x):
    """
    월세, 전세 10억 미만, 전세 10억 이상을 구분합니다.
    """
```

```
    if x["월세"]==0 and x["보증금가격"]>=100000:
        cla = "전세 10억 이상"
    elif x["월세"]==0 and x["보증금가격"]<100000:
        cla = '전세 10억 미만'
    elif x["월세"]!=0:
        cla = '월세'

    return cla

df["전세구분"] = df.apply(cla_lent, 1)
```

아래와 같이 전세 구분이라는 칼럼이 생긴 것을 확인할 수 있습니다.

```
In[15]: df.head()
Out[15]:
```

	건축연도 id	년 시간	동	보증금가격 평수	아파트명	월	월세	거래일	크기	지번	코드	층	연월
0	2008 1	2019 2020-02-...	사직동	3000 46.003030	광화문풍림... 월세	12	350	5	151.81	9	11110	6	201912
1	2008 2	2019 2020-02-...	사직동	47000 38.284848	광화문풍림... 월세	12	160	5	126.34	9	11110	3	201912
2	2008 3	2019 2020-02-...	사직동	55000 46.003030	광화문풍림... 월세	12	155	6	151.81	9	11110	8	201912
3	2008 4	2019 2020-02-...	사직동	70000 28.639394	광화문풍림... 전세 10억 미만	12	0	13	94.51	9	11110	3	201912
4	2008 5	2019 2020-02...	사직동	70000 28.569697	광화문풍림... 전세 10억 미만	12	0	23	94.28	9	11110	10	201912

if문으로 숫자형 데이터를 범주형으로 만들 수도 있지만, cut 함수를 이용하면 더 편리하게 할 수 있습니다.

```
import numpy as np

label = ["10평 미만", "10평대","20평대", "30평대", "40평대", "50평대", "60평대",
    "60평대 이상"]
```

```
df["sq_cla"] = pd.cut(df["sq"], [0,10, 20, 30,40,50, 60,70,np.Inf],
labels=label)
```

칼럼별 개수를 확인할 때는 value_counts 함수를 사용하면 편리합니다.

```
In[16]: df["평수구분"].value_counts()
Out[16]:
40평대          2
20평대          2
30평대          1
60평대 이상       0
60평대          0
50평대          0
10평대          0
10평미만         0
Name: 평수구분, dtype: int64
```

여러 개의 칼럼을 조합해서 개수를 확인할 때는 pivot_table 함수를 이용합니다. 표를 그릴 수 있는 함수로 행에 해당하는 부분에는 index, 열에 해당하는 부분에는 columns에 값을 지정합니다. 값을 계산하려는 칼럼은 values에 넣습니다. 적용하려는 연산은 aggfunc을 이용합니다. 여러 개의 연산을 적용하고 싶을 때는 리스트 자료형으로 입력합니다.

```
In[17]: pd.pivot_table(df,values="월세",index=["평수구분","건축연도"],
        columns="전세구분",aggfunc=np.mean)
Out[17]:
            전세구분     월세       전세 10억 미만

평수구분        건축연도
20평대        2008     NaN      0.0
30평대        2008     160.0    NaN
40평대        2008     252.5    NaN
```

aggfunc에 칼럼명과 하고 싶은 연산을 딕셔너리 자료형으로 입력하면, 칼럼별 다른 연산을 적용할 수도 있습니다.

```
In[18]: pd.pivot_table(df,values=["월세","보증금가격"],index=["평수구분",
        "건축연도"],columns="전세구분",aggfunc={"월세":[np.mean,min,max],
        "보증금가격":np.median})
Out[18]:
```

		보증금가격	월세							
		median max		mean	min					
	전세구분	월세	전세 10억 미만	월세	전세 10억 미만	월세	전세 10억 미만	월세	전세 10억 미만	
평수구분	건축연도									
20평대	2008	NaN	70000.0	NaN	0.0	NaN	0.0	NaN	0.0	
30평대	2008	47000.0	NaN	160.0	NaN	160.0	NaN	160.0	NaN	
40평대	2008	29000.0	NaN	350.0	NaN	252.5	NaN	155.0	NaN	

그룹별로 요약하기

그룹별로 합계나 평균, 개수 등을 구할 때는 groupby 함수를 이용합니다. groupby 함수에 붙여서 연산할 함수를 입력하면, 해당 그룹별로 계산됩니다.

```
In[19]: df.groupby("평수구분").size()
Out[19]:
평수구분
10평 미만     0
10평대       0
20평대       2
30평대       1
40평대       2
50평대       0
60평대       0
60평대 이상    0
dtype: int64
```

특정 칼럼만 그룹 연산을 하고 싶다면, groupby 함수 뒤에 칼럼명을 명시하면 됩니다.

```
In[20]: df.groupby("평수구분")["월세"].mean()
Out[20]:
평수구분
10평 미만      NaN
10평대        NaN
20평대        0.0
30평대        160.0
40평대        252.5
50평대        NaN
60평대        NaN
60평대 이상     NaN
Name: 월세, dtype: float64
```

agg 함수를 이용해서 그룹별로 다른 함수를 적용하는 것도 가능합니다.

```
In[20]: df.groupby("평수구분").agg({"월세":"mean","보증금가격":"max"})
Out[20]:
                월세          보증금가격
평수구분
10평 미만        NaN          NaN
10평대         NaN          NaN
20평대         0.0          70000.0
30평대         160.0        47000.0
40평대         252.5        55000.0
50평대         NaN          NaN
60평대         NaN          NaN
60평대 이상      NaN          NaN
```

groupby 함수만 적용하여 사용할 수도 있습니다. for문을 이용해서 그룹별로 묶은 데이터 단위로 연산할 수도 있고, 원하는 데이터만 추출하는 것도 가능합니다. groupby 함수를 적용한 후에, 추출을 원하는 그룹을 get_group 함수에 넣으면 됩니다.

```
df_20=df.groupby("평수구분").get_group("20평대")
```

혹은 딕셔너리 자료형으로 변환해서 사용도 가능합니다.

```
In[21]: df_sq_cla = dict(list(df.groupby("평수구분")))
        df_sq_cla["20평대"]
Out[21]:
      건축연도    년     동      보증금가격   아파트명                     월
      월세     거래일   크기     지번     코드           층            연월     id
      시간            평수            전세 분                  평수구분
   3  2008   2019  사직동   70000  광화문풍림스페이스본(101동~105동) 12
      0      13    94.51  9      11110        3            201912  4
      2020-02-18      23:06:59      28.639394  전세 10억 미만  20평대
   4  2008   2019  사직동   70000  광화문풍림스페이스본(101동~105동) 12
      0      23    94.28  9      11110        10           201912  5
      2020-02-18      23:06:59      28.569697  전세 10억 미만  20평대
```

데이터 타입별로 데이터를 묶을 수도 있습니다. 평수 구분이 'category' 데이터 타입
으로 에러가 발생하여, 문자형으로 변경하였습니다.

```
In[22]: df["평수구분"]=df["평수구분"].astype(str)
        df_gr=df.groupby(df.dtypes, axis=1)
        dict(list(df_gr))
Out[22]:
{dtype('int64'):  건축연도    년     보증금가격   월   월세   거래일   층    연월      id
  0                1999   2015  11000    1   0    10    3    201501  1
  1                2008   2015  75000    1   0    9     7    201501  2
  2                2008   2015  20000    1   200  16    5    201501  3
  3                2008   2015  30000    1   150  21    13   201501  4
  ...
```

복잡한 계산이나 통계량도 함수를 이용해 쉽게 구할 수 있습니다. GroupBy 객체에서
자주 사용되는 함수를 [표 2-1]로 정리하였습니다. GroupBy 객체는 데이터 프레임에

groupby 함수를 적용해서 반환되는 값입니다.

함수명	설명
GroupBy.size( )	그룹별 개수를 계산합니다.
GroupBy.mean( )	그룹별 평균값을 계산합니다.
GroupBy.cumcount( )	그룹 단위 행별 누적 개수를 구합니다.
GroupBy.cumsum( )	그룹별 누적 합을 계산합니다.
GroupBy.nth(n)	그룹별 n번째 값을 가져옵니다.
GroupBy.rank( )	그룹 단위 행별 순위를 계산합니다.
GroupBy.shift(n)	그룹별로 n만큼 행의 값을 아래로 이동합니다.

[표 2-1] 그룹별 계산 함수

더 많은 계산이나 통계량을 구하는 함수를 알고 싶다면, 아래 판다스 패키지 튜토리얼을 참조하기 바랍니다.

- 참조: https://pandas.pydata.org/pandas-docs/stable/reference/groupby.html

테이블 결합하기

데이터를 분석하려면 서로 다른 데이터를 결합해야 할 필요가 있습니다. 어떤 값을 기준으로 2개의 데이터를 결합해서, 다른 속성에서는 어떠한 특징을 가지는지 알 수 있습니다. 이렇게 데이터를 결합하는 작업을 SQL에서는 join이라고 합니다. 판다스 데이터 프레임에서도 서로 다른 2개의 데이터를 결합할 수 있습니다.

판다스 패키지에는 2개의 테이블을 결합할 수 있는 함수가 2개 있습니다. 하나는 concat이고, 다른 하나는 merge 함수입니다.

merge 함수를 이용해서 데이터를 결합하는 방법부터 알아보겠습니다. merge 함수는 어떤 값을 기준으로 2개의 테이블을 결합할 수 있도록 해 줍니다. 테이블을 결합하는 방법은 총 4가지가 있습니다. left, right, outer, inner의 4가지 방법입니다. merge 함수를 적용할 때 how 입력 파라미터에 어떤 방식으로 결합할지 방법을 입력합니다. left는 왼쪽에 명시한 테이블의 값을 기준으로 데이터를 결합합니다. 오른쪽 테이블에 값이 있지만, 왼쪽 테이블에 없는 경우에는 결합되지 않습니다. right는 오른쪽 테이블을 기준으로 합니다. outer는 두 테이블 중 한쪽 테이블에만 값이 있는 경우에도 모두 결합되어 나타납니다. inners는 두 테이블에 모두 값이 있는 경우에만 결합됩니다.

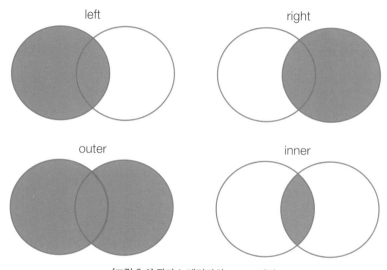

[그림 2-1] 판다스 패키지의 merge 방법

left는 SQL에서 left outer join, right는 right outer join, outer는 full outer join, inner는 inner join과 동일합니다. 그림을 그려 보면 위와 같습니다.

예를 들어 앞에서 수집한 아파트 전세 데이터와 매매 데이터를 결합하여 시도별 매매가 대비 전세가 비율을 구해 보겠습니다. 먼저 12월 기준의 전세 거래와 매매 거래 데이터를 판다스 데이터 프레임으로 불러옵니다.

```
import pymysql
import pandas as pd

db_conf = {
    "host": "127.0.0.1",
    "user": "test",
    "password": "test11",
    "database": "finance",
}

con = pymysql.connect(**db_conf)
apt_lent = pd.read_sql("SELECT * FROM APT_LENT WHERE YM=201912", con)
apt_sale = pd.read_sql("SELECT * FROM APT_SALE WHERE YM=201912", con)
con.close()
```

현재 데이터에는 지역 코드만 있고, 시도에 해당하는 값은 없습니다. '1.5.2 부동산 실거래가 데이터 수집하기'에서 수집한 지역 코드 파일을 사용하여, 지역 코드를 시도명으로 분리하겠습니다.

```
ji_code = pd.read_excel("./data/KIKcd_B.20181210.xlsx")
```

이 파일에는 지역 코드가 10자리로 되어 있지만, 부동산 거래 데이터는 앞의 5개 지역 코드만 사용합니다. 그래서 지역 코드를 앞의 5번째 자리까지 자르고, 중복을 제거하였습니다.

```
ji_code["코드"] = ji_code["법정동 코드"].astype(str).str[0:5]
ji_code_nodup = ji_code[["코드","시도명"]].drop_duplicates()
```

칼럼명을 알기 쉽게 한글로 변경하였습니다.

```
apt_lent.columns=["건축연도","년","동","보증금가격","아파트명","월","월세","거래일",
"크기","지번","코드","층","연월","id","시간"]
```

```
apt_sale.columns=["매매가격","건축연도","년","월","일","동","아파트명","크기",
    "지번","코드","층","연월","id","시간"]
```

부동산 거래 데이터에 지역 코드를 붙이기 위해서 merge 함수를 사용합니다. 키값은
지역 코드가 되고, 거래 데이터에 있는 지역 코드를 구분해야 하므로 조인 방법은 left
로 합니다.

2개의 데이터를 결합할 때는 결합하는 기준값의 개수를 아는 것이 좋습니다. 이를 고
려하지 않으면 데이터가 몇 배로 많아질 수도 있습니다. 여기서는 붙이려는 테이블인
ji_code의 중복을 제거하여, apt_lent와 apt_sale의 테이블 건수는 결합하기 전과 후
가 같습니다.

```
apt_lent = pd.merge(apt_lent, ji_code_nodup, on="코드", how="left")
apt_sale = pd.merge(apt_sale, ji_code_nodup, on="코드", how="left")
```

시도명에 따른 매매와 전세 평균 거래 가격, 건수를 계산해 줍니다. 전세 가격은 월세
가 0인 데이터를 추출하여 계산합니다.

```
apt_sale_gr = apt_sale.groupby("시도명").agg({"매매가격":"mean","id":"size"})
apt_sale_gr.columns = ["매매가격_평균", "매매건수_합"]

apt_lent_j = apt_lent.loc[apt_lent["월세"]==0]
apt_lent_j.groupby(["시도명"]).agg({"보증금가격":"mean","id":"size"})
apt_lent_j.columns = ["전세가격_평균", "전세건수_합"]
```

이제 평균 전세 가격 데이터와 매매 가격 데이터를 결합합니다. 둘 다 값이 있어야 하
므로, 조인 방법은 inner합니다. groupby 함수를 이용하면 그룹별로 묶은 칼럼이
판다스 데이터 프레임의 인덱스가 됩니다. 인덱스를 기준으로 merge 함수를 이용할
때는 left_index, right_index에 True를 입력합니다.

```
apt_sido_gr = pd.merge(apt_lent_j, apt_sale_gr, how="inner", left_
index=True, right_index=True)
```

이제 평균 전세 가격을 매매 가격으로 나누고, 그 비율을 기준으로 정렬해 보았습니다.

```
In[8]:  apt_sido_gr["매매전세비율"] = apt_sido_gr["전세가격_평균"] /
        apt_sido_gr["매매가격_평균"] * 100
        apt_sido_gr.sort_values(by="매매전세비율", ascending=False)
Out[8]:
```

시도명	전세가격_평균	전세건수_합	매매가격_평균	매매건수_합	매매전세비율
전라북도	14829.599499	799	17768.862754	2317	83.458349
경상북도	13040.260982	1161	15801.145073	2385	82.527316
대구광역시	26359.577759	1196	32001.682595	3453	82.369349
충청남도	16610.853480	1365	20627.755228	3252	80.526714
전라남도	11883.416486	922	15201.992100	1519	78.170127
광주광역시	18673.541920	823	24248.457386	2112	77.009195
강원도	12147.474048	1156	15788.355077	1763	76.939453
대전광역시	20777.743452	1489	27179.566889	3304	76.446190
경상남도	15442.722869	2147	20261.330133	3750	76.217715
충청북도	14436.948416	1105	19319.967666	2536	74.725531
제주특별자치도	18993.123134	268	26903.422642	265	70.597423
인천광역시	22543.018014	2054	32184.437285	4361	70.043226
경기도	27401.602996	11015	39406.536314	20915	69.535680
울산광역시	17937.380628	733	26332.906603	1681	68.117739
부산광역시	21140.923712	2543	32769.746415	4882	64.513541
서울특별시	45717.065998	9667	75182.099491	9438	60.808446
세종특별자치시	17948.432471	696	43080.900151	1983	41.662157

앞으로 가격이 오를 것으로 예상되는 곳일수록 매매 가격 대비 전세가 비율이 낮은 경향을 보입니다. 대도시와 신도시인 세종시, 서울시, 부산시는 전세 가격 비율이 각각 41.6%, 60.8%, 64.5%로 낮은 반면에, 지방 도시는 전세 가격 비율이 80% 이상으로 높은 것을 알 수 있습니다.

시계열 연산

금융 데이터는 날짜와 시간 단위로 데이터가 수집되어, 시계열 연산을 해야 하는 경우가 많습니다. 시계열 데이터는 숫자나 문자와 특성이 달라, 그에 맞는 연산을 해야 합니다.

부동산 매매 데이터의 주차별 평균 매매 가격을 계산하면서, 날짜와 시간 데이터 타입을 다루는 방법에 대해서 알아보겠습니다.

부동산 매매 데이터에는 거래 일자가 연도와 월, 일로 나뉘어 있습니다. 이 데이터를 합쳐서 날짜와 시간 데이터 타입으로 만듭니다. 만드는 방법은 여러 가지가 있지만, 2012-2-12와 같은 문자열로 만들고 datetime64 데이터 타입으로 변경하는 것이 가장 쉽습니다.

```
apt_sale["거래일"]=apt_sale.year.astype(str)+"-"+apt_sale.month.
astype(str)+"-"+apt_sale.day.astype(str)
apt_sale["거래일"]= apt_sale["거래일"].astype("datetime64")
```

날짜와 시간에 대한 속성을 추출하려면 접속사 dt를 붙이고, datetime 변수에 사용하는 속성이나 함수를 사용하면 됩니다. 예를 들어 거래일에서 월만 추출하고 싶다면 아래와 같이 입력합니다.

```
apt_sale["거래일"].dt.month
```

유용한 속성과 함수를 정리해 보면 [표 2-2]와 같습니다.

속성	내용
year	연도
month	월

속성	내용
day	일
week	해당 연도의 몇 번째 주차인지 나타냄(예: 52)
dayofweek	요일을 반환함. 월요일=0, 일요일=6
quarter	분기를 숫자로 반환(예: 1~3월 = 1)
days_in_month	날짜와 달의 일자 수

[표 2-2] 날짜와 시간 데이터 타입의 속성

더 많은 속성을 확인하고 싶다면, 아래 링크를 참조해 보세요.

- 참조: https://pandas.pydata.org/pandas-docs/stable/reference/series.html

데이터 프레임에는 날짜 계산을 쉽게 하기 위해 Date offset도 제공됩니다. Date offsets은 'pd.offsets.속성 또는 함수명'으로 사용합니다. 거래일로부터 5일 뒤의 날짜를 계산하고 싶다면, 아래와 같이 입력합니다.

```
apt_sale["거래일"] + pd.offsets.Day(5)
```

주어진 날짜의 분기 말 날짜를 구하고 싶다면, 아래와 같이 입력합니다.

```
apt_sale["거래일"] + pd.offsets.QuarterEnd()
```

유용한 함수를 정리해 보면 [표 2-3]과 같습니다.

속성	내용
MonthOffset	월(예: MonthOffset(3) = 3개월)
Day	하루

속성	내용
YearEnd	연말
YearBegin	이후 연초 날짜
MonthEnd	월말에 해당하는 날짜
MonthBegin	다음 월 첫 번째 날짜, 빼기하면 해당 월의 첫 번째 날짜

[표 2-3] Date offsets 함수

더 많은 함수를 알고 싶다면, 아래 링크를 참조해 보세요.

- 참조: https://pandas.pydata.org/pandas-docs/stable/reference/offset_frequency.html

거래일을 주차로 변경하는 방법은 여러 가지가 있습니다. 하나는 위에서 다룬 .dt를 이용하여, 날짜와 시간 데이터 타입의 week 속성을 호출하는 것입니다. week는 해당 연도가 몇 번째 주차에 해당하는지를 숫자로 반환해 줍니다. 주차는 월요일부터 시작합니다.

```
In[8]:  apt_sale["주"] = apt_sale["거래일"].dt.week
apt_sale[["거래일", "주"]].head()
Out[8]:
    거래일        주
0  2019-12-26   52
1  2019-12-03   49
2  2019-12-16   51
3  2019-12-18   51
4  2019-12-23   52
```

다른 하나는 데이터 프레임의 인덱스를 이용하는 것입니다. 인덱스는 MySQL의 인덱스처럼 데이터를 빠르게 조회하고 연산할 수 있도록 도와줍니다. 날짜를 인덱스로 지정하면 쉽게 날짜와 관련된 작업들을 할 수 있습니다. 먼저, 거래일을 인덱스로 지정합니다.

```
apt_sale.index = apt_sale["거래일"]
```

인덱스로 지정하고 나면, 특정 날짜를 기준으로 데이터를 추출할 때 문자형 데이터 타입을 다루는 것처럼 인덱싱할 수 있습니다. 예를 들어 2019년 데이터를 보고 싶다면, 아래와 같이 입력합니다.

```
apt_sale["2019"]
```

2019년 12월 이전 데이터만 추출하고 싶다면 아래와 같이 입력합니다.

```
apt_sale[:"2019-12"]
```

주 단위로 데이터를 정확하게 끊기 위해 2019년 12월 2일부터 2019년 12월 29일 이전 데이터만 추출해 보았습니다.

```
apt_sale = apt_sale["2019-12-02":"2019-12-29"]
```

기간을 다루기 위해서 Period 데이터 타입으로 지정합니다. Period 데이터 타입은 to_period 함수를 이용해서 지정합니다. 다시, 날짜와 시간 데이터 타입으로 변경할 때는 to_timestamp 함수를 이용합니다.

to_period 함수를 사용할 때는 freq라는 입력 파라미터에 기간을 어떤 기준으로 잡을지 입력해야 합니다. 여기서는 W-SUN이라고 입력합니다. W는 주 단위를 의미하고, SUN은 일요일까지를 1주로 계산하는 것을 말합니다.

```
apt_sale = apt_sale.to_period(freq="W-SUN")
```

기간은 asfreq 함수를 이용해서 변경할 수 있습니다. 예를 들어 일 단위로 기간을 잡고 싶다면, 아래와 같이 입력하면 됩니다.

```
apt_sale = apt_sale.asfreq(freq="D")
```

시계열 데이터에는 '리샘플링'이라는 개념이 있습니다. 이는 시계열의 단위를 위아래로 변환하여 데이터를 집계하는 것을 말합니다. 예를 들어 일 단위의 데이터를 월 단위로 집계하거나, 월 단위의 데이터를 주 단위로 집계하는 것을 의미합니다. 빈도가 적은 방향으로 가는 것을 다운 샘플링, 빈도가 많은 방향으로 가는 것을 업 샘플링이라고 합니다. 여기서는 일 단위의 데이터를 주별로 집계하는 것이라 데이터 양이 줄어들므로 다운 샘플링이 되겠습니다.

리샘플링하려면 resample 함수를 이용합니다. 제일 앞에는 구하려는 리샘플링 빈도를 입력합니다. how는 어떤 기준으로 데이터를 요약할지를 의미합니다. first, last, medium, min, max 등을 사용할 수 있습니다. 리스트 자료형으로 여러 개의 요약 기준을 적용할 수도 있습니다. kind는 기간(period) 또는 날짜와 시간(timestamp)별로 집계할지를 입력합니다. fill_method를 이용해서 데이터가 없을 때 데이터를 채우는 방법을 지정할 수 있습니다. ffill은 앞의 값으로, bfill은 뒤의 값으로 빈값을 채웁니다. label은 요약된 결과의 라벨을 정합니다. right나 left를 입력하고 left는 시작점, right는 끝점이 라벨이 됩니다. 기본값은 right입니다.

```
apt_sale_w= apt_sale.resample('W-SUN', how=['mean',"size"], kind="period")
```

시계열 데이터를 그래프로 그릴 때 plot 함수를 이용하면 편리합니다.

```
apt_sale_w["price"].plot()
```

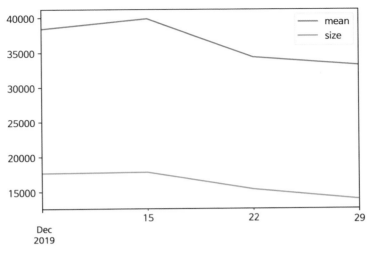

[그림 2-2] 12월 주차별 부동산 매매 현황

X축 숫자는 주차별 끝 날짜를 의미합니다. 총 4개의 주차가 있고, 12월 한 달 간은 매매 가격과 거래 건수가 줄어들고 있음을 확인할 수 있습니다.

더 많은 판다스 패키지 사용법이 궁금하다면, 해당 튜토리얼을 참고하기 바랍니다.

- 판다스 튜토리얼 주소: https://pandas.pydata.org/docs

2.2 데이터 시각화 및 분석하기

데이터를 시각화하여 분석하면, 빠르고 직관적으로 이해할 수 있습니다. 파이썬에는 데이터 시각화와 관련된 패키지가 많지만, seaborn 패키지가 데이터 분석에 가장 적합한 문법을 가집니다. seaborn 패키지를 이용하여 데이터를 분석하는 방법에 대해서 알아보겠습니다.

seaborn을 사용하기 전에, 그래프에 대한 설정을 미리 작성해 놓으면 유용합니다. 기본 설정으로 사용해도 좋지만, 크기나 테마 등을 보기 편하게 설정해 놓는 것이 좋습니다. seaborn 패키지가 외국에서 개발된 패키지이다 보니, 한글 사용이 어렵습니다. 이를 해결하는 방법도 미리 작성해 놓으면 편리합니다. 위의 내용들을 정리해서 tat. py라는 파일로 저장하였습니다.

xticks라는 함수를 만들어 x축을 -45도 회전하는 함수도 미리 만들었습니다. 이때 그래프의 설정이 일부 초기화되어, 이런 속성은 graph_style이라는 함수를 만들어 다시 호출해 주었습니다.

```python
import matplotlib.pyplot as plt
import matplotlib.font_manager as fm
import seaborn as sns
from matplotlib import rcParams

# 그래프 크기
graph_size = (9.2,5.8)

def use_kor_font():
    fm.get_fontconfig_fonts()
    font_location = '/Library/Fonts/NanumBarunGothicBold.ttf'
    font_name = fm.FontProperties(fname=font_location).get_name()
    plt.rc('font', family=font_name)

# 그래프 스타일을 지정합니다.
def graph_style(style="whitegrid"):
    #스타일 지정
    # darkgrid, whitegrid, dark, white, ticks
    sns.set_style(style)

    # 상단과 우측의 선 제거
    sns.despine()

    #그래프 크기 지정
    sns.set(rc={'figure.figsize':graph_size})
```

```python
    # 그래프 스타일 지정
    # paper, notebook(기본), talk, poster
    sns.set_context("notebook")

    # 한글 폰트 사용
    use_kor_font()

graph_style()

def xticks(degree=-45):
    plt.figure(figsize=graph_size)
    plt.xticks(rotation=degree)
    graph_style()
    return 0

def countplot(x):
    """
    countplot 이용 시 값을 출력합니다.
    """
    temp=x.value_counts()
    temp = temp.sort_values(ascending=False)
    g = sns.barplot(x=temp.index, y=temp, order=temp.index)
    for p in g.patches:
        g.annotate(format(p.get_height(), '.0f'), (p.get_x()+p.get_
        width()/2., p.get_height()), ha='center', va='center',
        xytext=(0,10), textcoords='offset points')

    return g

def distplot(data, x, hue=None):
    """
    그룹별로 distplot을 그립니다.
    """
    apt_sale_1=data
    apt_sale_gr = apt_sale_1.groupby(hue)
    for d in apt_sale_gr:
        g= sns.distplot(d[1][x], kde_kws={"label":d[1][hue].max()})
```

```
    return g

def relplot(*args, **kwargs):
    """
    relplot의 사이즈를 조정합니다.
    """
    fig, ax = plt.subplots()
    # the size of A4 paper
    fig.set_size_inches(graph_size)

    g = sns.relplot(*args, **kwargs , ax=ax)

    graph_style()

    return g

def catplot(*args, **kwargs):
    """"
    catplot을 그릴 때 x축 텍스트를 -45도 회전합니다.
    """"
    chart = sns.relplot(*args, **kwargs )
    chart.set_xticklabels(rotation=-45)

    return chart
```

2.2.1 범주형 데이터 분석

범주형 데이터는 몇 개의 구분된 항목의 형태로 나타나는 데이터를 말합니다. 부동산 데이터에서는 지역이나 평수, 거래 월 등을 범주형 데이터로 볼 수 있습니다. 범주형 데이터를 알려면 항목별 개수를 세어 보는 것이 좋습니다. 시본 패키지에서는 countplot을 이용해서 쉽게 항목별 개수를 확인할 수 있습니다.

데이터를 불러오고, 평수를 구분한 후에 평수별로 거래 건수를 파악해 보았습니다.

```python
import pymysql
import pandas as pd

db_conf = {
    "host": "127.0.0.1",
    "user": "test",
    "password": "test11",
    "database": "finance",
}

con = pymysql.connect(**db_conf)
apt_sale = pd.read_sql("SELECT * FROM APT_SALE WHERE YM>=201910 AND
YM<=201912", con)
con.close()

import seaborn as sns
import tat
import numpy as np

apt_sale.columns=["매매가격","건축연도","년","월","일","동","아파트명","크기",
"지번","코드","층","연월","id","시간"]
label = ["10평 미만", "10평대","20평대", "30평대", "40평대", "50평대", "60평대",
"60평대 이상"]
apt_sale["평수"] = apt_sale["크기"]/3.3
apt_sale["평수구분"] = pd.cut(apt_sale["평수"], [0,10, 20, 30,40,50,60,70,
np.Inf], labels=label)
sns.countplot(apt_sale["평수구분"])
```

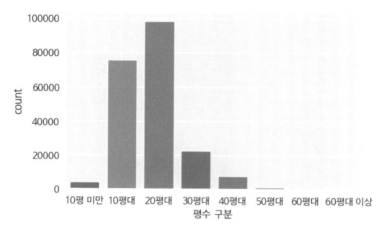

[그림 2-3] 아파트 평수별 거래 건수

작은 평수일수록 거래가 많은 것을 확인할 수 있습니다. 지금은 항목이 많지 않아 어떤 데이터가 많고, 적은지 한눈에 알 수 있습니다. 항목이 많으면 아무래도 건수별로 정렬하는 것이 편리합니다. 아쉽게도 countplot에는 이러한 기능이 없습니다. 그래서 barplot을 이용해서 그려야 합니다. 미리 함수로 만들어 놓고 사용하면 편리합니다. 앞에서 만든 tat.py 파일의 countplot 함수를 이용해서 그래프를 그려 보았습니다.

```
tat.countplot(apt_sale["평수구분"])
```

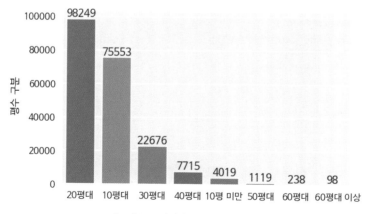

[그림 2-4] 평형별 거래 건수 정렬

154

hue 입력 파라미터에 값을 넣으면, 해당 값으로 분리된 빈도를 구할 수 있습니다.

```
sns.countplot(apt_sale["평수구분"], hue=apt_sale["연월"])
```

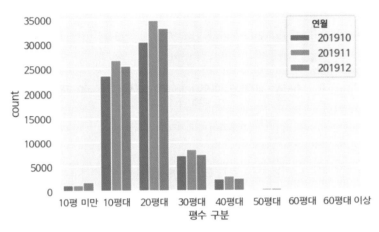

[그림 2-5] 평행대별 월별 거래 건수

2.2.2 수치형 데이터 분석

수치형 자료는 숫자로 기록된 데이터를 의미합니다. 부동산 데이터에서는 매매 가격, 크기 등이 수치형 자료에 해당합니다. 수치형 데이터를 분석하려면 어떤 분포를 나타내는지 확인합니다. 시본에서는 boxplot, distplot 등 데이터의 분포를 쉽게 확인할 수 있는 함수들이 있습니다.

매매 가격의 분포를 박스 플롯으로 확인해 보았습니다.

```
sns.boxplot(apt_sale["매매가격"])
```

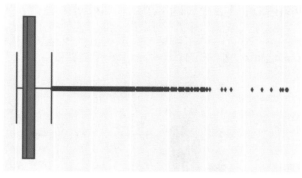

0   100000 200000 300000 400000 500000 600000 700000
매매 가격

[그림 2-6] 매매 가격 박스 플롯

박스 플롯은 차례대로 최솟값, 1분위수, 중앙값, 3분위수, 최댓값(이상치 제외), 이상
치 등을 나타냅니다. 박스 플롯은 x축과 y축에 값을 지정해서 그래프를 그릴 수 있습
니다. 아래와 같이 평형별 박스 플롯을 그려 보았습니다. 입력해야 할 파라미터가 많
으면, data에 사용할 데이터 프레임을 지정하고 나머지는 칼럼명을 넣어서 사용할 수
있습니다.

```
sns.boxplot(y="매매가격",x="평수구분", data=apt_sale)
```

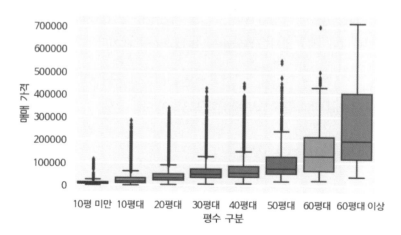

[그림 2-7] 평형별 매매 가격 현황

156

hue에 값을 넣으면 항목별로 구분해서 그래프를 그립니다. 지역별로 구분하여 그래프를 그려 보았습니다.

```
ji_code = pd.read_excel("./data/KIKcd_B.20181210.xlsx")
ji_code["코드"] = ji_code["법정동 코드"].astype(str).str[0:5]
ji_code_nodup = ji_code[["코드","시도명"]].drop_duplicates()
apt_sale = pd.merge(apt_sale, ji_code_nodup, on="코드", how="left")
```

```
apt_sale_1 = apt_sale[apt_sale["시도명"].isin(["서울특별시","부산광역시"])]
sns.boxplot(y="매매가격",x="평수구분", hue="시도명", data=apt_sale_1)
```

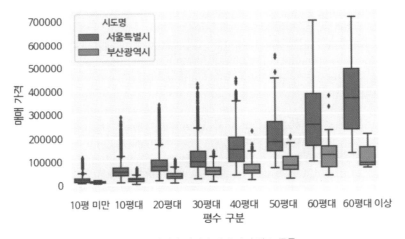

[그림 2-8] 지역과 평형별 매매 가격 박스 플롯

분포를 확인하기 위해 히스토그램도 많이 그립니다. 시본에서는 distplot을 이용해서 히스토그램을 그릴 수 있습니다.

```
sns.distplot(apt_sale["매매가격"])
```

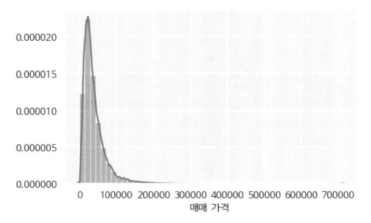

[그림 2-9] 아파트 매매 가격 distplot

distplot은 hue를 이용해서 항목별로 그릴 수 없습니다. 항목별로 비교하려면 각각의 데이터를 그래프로 그려야 합니다. kde_kws에 딕셔너리 자료형으로 label키에 값을 넣으면, 우측 상단에 범례가 나타납니다. 여러 개의 그래프를 그려 이때는 범례를 넣어 주는 것이 좋습니다.

```
apt_sale_gr = apt_sale_1.groupby("시도명")
for d in apt_sale_gr:
    sns.distplot(d[1]["매매가격"], kde_kws={"label":d[1]["시도명"].max()})
```

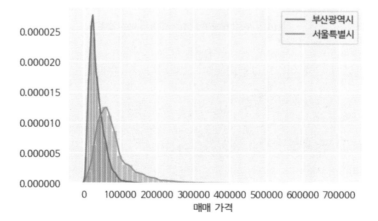

[그림 2-10] 서울시와 부산시 매매 가격 분포

서울시가 부산시보다 매매 가격이 더 높고 넓게 분포된 것을 확인할 수 있습니다.

시계열 데이터 분석

시계열 데이터는 선그래프를 그리면 시간에 따른 추세를 잘 확인할 수 있습니다. lineplot 함수를 이용해서, 아래와 같이 선그래프를 그릴 수 있습니다. 수집한 주식 데이터에서 삼성전자와 삼성전기의 종가를 선그래프로 그려 보았습니다.

```python
import pymysql
import pandas as pd

db_conf = {
    "host": "127.0.0.1", "user": "test", "password": "test11", "database":
    "finance",
}

con = pymysql.connect(**db_conf)
stock_df = pd.read_sql("SELECT * FROM STOCK_DATA WHERE SYMBOL IN
('005930','009150')", con)
con.close()


stock_df["date"] = stock_df["date"].astype("datetime64")
stock_df["stock_nm"]="삼성전기"
stock_df.loc[stock_df["symbol"]=="005930", "stock_nm"]="삼성전자"
tat.xticks()
sns.lineplot(x="date",y="close", hue="stock_nm", data=stock_df)
```

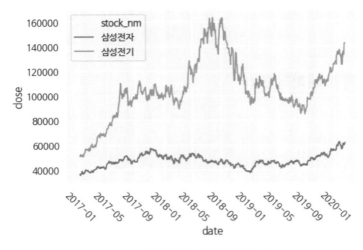

[그림 2-11] 삼성전자와 삼성전기 종가 그래프

2.2.4 변수 간 관계 파악하기

범주형 vs 범주형

범주형 데이터를 비교하려면 히트 맵을 이용하는 것이 유용합니다. 히트 맵은 표의 값을 색깔로 표현하여, 많은 항목을 가진 데이터를 비교하기에 좋습니다.

히트 맵으로 아파트 매매 데이터의 시도별·평형별 거래 건수를 비교해 보겠습니다.

우선, 히트 맵의 형태 그대로 테이블을 만들어야 합니다. 행에는 시도별, 열에는 평형별, 값은 거래 건수 합을 넣습니다. groupby 함수를 이용해 값을 요약합니다. 시도명과 평수 구분이 모두 인덱스에 들어 있어, unstack 함수를 이용해서 원하는 형태로 만들어 줍니다. unstack은 인덱스 칼럼에 있는 변수를 칼럼으로 이동시켜 줍니다. 반대 동작은 stack이라는 함수를 통해 할 수 있습니다.

히트 맵의 형태 그대로 테이블을 만들었다면, heatmap 함수를 통해서 쉽게 그릴 수 있습니다. cmap이라는 입력 파라미터는 히트 맵의 색깔을 지정합니다. 기본 설정된 색깔이 현재 데이터와 잘 맞지 않아 변경했습니다.

```
apt_sale_gr=apt_sale.groupby(["시도명", "평수구분"]).size()
apt_sale_ht = apt_sale_gr.unstack(-1)
sns.heatmap(apt_sale_ht,  cmap="YlGnBu")
```

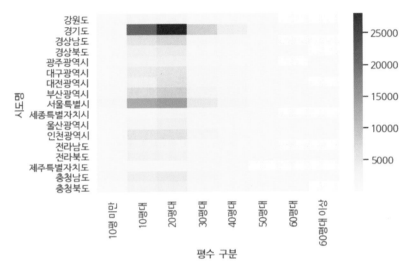

[그림 2-12] 시도별·평수별 거래 건수 히트 맵

전체적으로 10~20평대 거래가 많은 것을 알 수 있습니다. 다른 지역보다 경기도는 30~40평대 거래도 많이 이루어지는 것을 알 수 있습니다.

히트 맵의 색깔에 해당하는 값을 수치형 변수로 지정하면, 범주에 따른 수치형 변수값을 비교할 수 있습니다. 매매 거래 금액을 비교하면 아래와 같습니다.

```
apt_sale_gr=apt_sale.groupby(["시도명", "평수구분"])["매매가격"].mean()
apt_sale_ht = apt_sale_gr.unstack(-1)
sns.heatmap(apt_sale_ht,  cmap="YlGnBu")
```

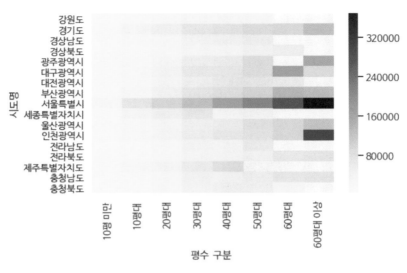

[그림 2-13] 시도별 · 평형별 매매 가격 평균

서울시는 평수가 증가함에 따라 매매 가격도 증가하는 것을 뚜렷하게 볼 수 있습니다. 대구광역시는 60평대 이상 아파트 매매 가격이 60평보다 저렴하고, 인천시는 많이 비싼 것을 확인할 수 있습니다.

수치형 vs 수치형

수치형 데이터들을 비교하려면 산점도를 그려 보면 좋습니다. relplot을 이용하여 쉽게 산점도를 그릴 수 있습니다. 아파트 매매 거래 데이터를 이용해서 건축 연도와 평수를 아래와 같이 비교해 보았습니다. 앞에서 한 것처럼 칼럼명을 한글로 변경하고, 평수를 구분하였습니다.

```
apt_sale_gr = apt_sale.groupby(["시도명", "동", "지번" ,"아파트명"]).agg({"건축
연도":"mean","평수":"mean", "매매가격":"mean"})
apt_sale_gr = apt_sale_gr.reset_index(drop=False)

sns.relplot("건축연도", "평수", data=apt_sale)
```

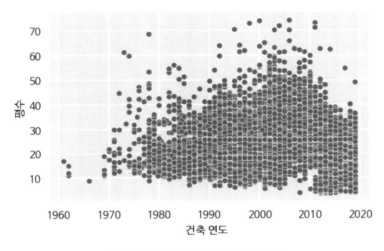

[그림 2-14] 아파트 건축 연도와 평수 비교

relplot을 그리면, 설정한 그래프 크기가 적용되지 않습니다. 앞에서 다룬 그래프와 그리는 방식이 다르기 때문입니다. 하나의 그래프를 여러 개의 면으로 나눠서 그리는 방법입니다. 매번 크기를 조정하기 번거로워, tat.py 파일에 크기를 변경하는 코드를 함수로 작성하였습니다.

2000년대에 들어서서 낮은 평수의 아파트들이 증가하는 듯하지만, 데이터가 너무 많아 구체적으로 알기는 어렵습니다. hue 입력 파라미터를 넣으면 데이터 항목별로 색깔을 구분해 줍니다. 수치형 변수를 넣으면, 변수의 크기에 따라 색깔을 진하거나 연하게 표시해 줍니다. 점의 크기도 조금 줄여 보았습니다.

```
tat.relplot("건축연도", "평수", hue="시도명", size=1 , data=apt_sale_gr)
```

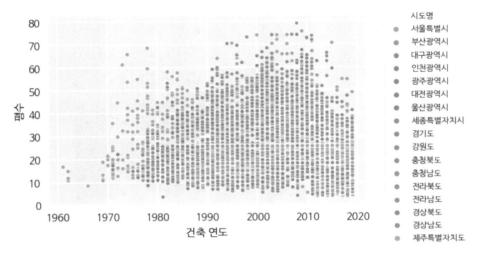

[그림 2-15] 아파트 건축 연도와 평수 비교, 시도별 구분

여전히 데이터가 많아서 비교하기가 쉽지 않습니다. 이럴 때는 col 입력 파라미터에 값을 넣으면, 항목별로 개별 그래프를 그려 줍니다. col과 hue를 동시에 사용할 수도 있습니다. size에 값을 넣으면, 각 데이터의 값에 따라 점의 크기를 변경해 줍니다. 더 많은 항목을 비교할 수 있게 됩니다.

```
sns.relplot("건축연도", "평수", hue="시도명", col="시도명", size="매매가격" ,
data=apt_sale_gr)
```

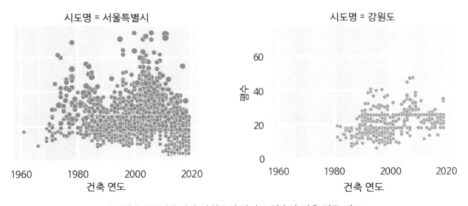

[그림 2-16] 서울시와 강원도의 아파트 평수와 건축 연도 비교

164

전체적으로는 소형 평수 아파트를 선호하지만, 지역별로 차이가 있는 것을 알 수 있습니다. 서울을 비롯한 수도권의 소형 평수 선호가 뚜렷이 나타납니다. 서울의 큰 평수 아파트는 다른 평형보다 가격도 높은 것을 알 수 있습니다. 서울의 어느 지역에 위치한 아파트인지 확인해 봐야 할 듯합니다.

이 외에도 row에 칼럼명을 지정하면, 더 세분화하여 그래프를 그릴 수 있습니다. kind ="line"으로 지정하면 선그래프로도 그릴 수 있습니다.

jointplot을 이용하면, 데이터 분포도 같이 볼 수 있습니다. 하지만, hue나 col 입력 파라미터는 사용할 수 없습니다. kind에 scatter, reg, resid, kde, hex의 값을 넣으면, 5가지 다른 형태의 그래프를 그릴 수 있습니다.

```
sns.jointplot("건축연도", "평수", kind="hex" , data=apt_sale_gr)
```

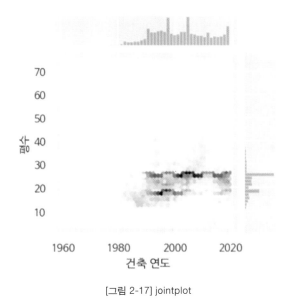

[그림 2-17] jointplot

pairplot을 이용하면 여러 개의 변수를 동시에 비교하기에 좋습니다. kind에 "reg"를 입력하면 회귀선도 같이 볼 수 있습니다.

```
sns.set(style="ticks")
tat.use_kor_font()
sns.pairplot(apt_sale[["매매가격","건축연도", "크기", "시도명"]], hue="시도명",
hue_order=["서울특별시", "부산광역시"])
```

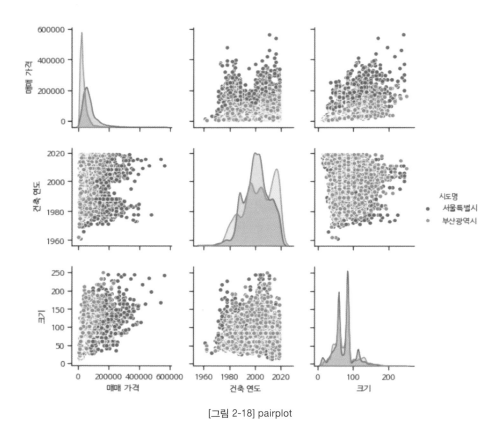

[그림 2-18] pairplot

범주형 vs 수치형

항목에 따라 수치형 변수의 값을 비교하려면 barplot을 그리는 것이 유용합니다. 평
형별 평균 거래 금액을 다음 페이지와 같이 비교할 수 있습니다.

```
tat.xticks(-90)
sns.barplot(x="시도명",y="매매가격", data=apt_sale)
```

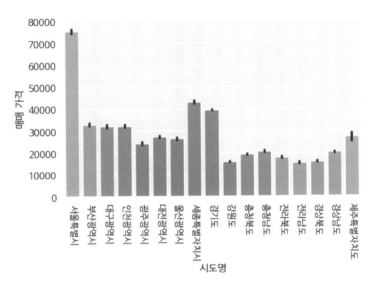

[그림 2-19] 시도별 매매 가격 비교

barplot을 그리면 검은색으로 신뢰 구간이 표시됩니다. 신뢰 구간은 다른 항목과 비교하기 위해 사용할 수 있습니다. 다른 항목의 평균값이 신뢰 구간 안에 있다면, 2개 항목의 평균값은 같다고 볼 수 있습니다. 시본에서는 95% 확률의 신뢰 구간을 그립니다. ci 입력 파라미터의 숫자를 넣어 신뢰 구간을 그리는 확률값을 변경할 수 있습니다. "sd"라고 입력하면 표준 편차를 그릴 수도 있습니다.

다른 그래프처럼 hue에 변수를 넣어, 데이터를 비교할 수 있습니다. estimator 입력 파라미터를 이용해 중앙값을 비교해 보았습니다.

order나 hue_order에 리스트값을 넣으면 해당 기준으로 정렬할 수 있습니다. 값을 일부만 넣으면 필터를 한 것과 동일한 효과를 볼 수 있습니다.

```
tat.xticks(-90)
import numpy as np
sns.barplot(x="평수구분",y="매매가격",hue="시도명",hue_order=["서울특별시", "부산
광역시"], data=apt_sale, estimator=np.median)
```

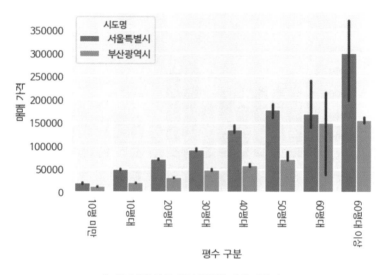

[그림 2-20] 서울, 부산 평형별 매매 가격 비교

barplot은 relplot처럼 col이나 row를 이용해 여러 개의 면으로 나뉜 그래프를 그릴 수 없습니다. 이런 그래프를 그리려면 catplot을 이용해야 합니다. catplot은 categorical plot의 약자로 항목에 따라 나눠 그래프를 그리기 용이합니다.

catplot은 앞의 그래프들과 다르게 그래프의 종류를 지정할 수 있습니다. 비교할 수 있는 종류 point, bar, count, strip, swarm, box, violin, boxen 8개입니다. 월별로 평균 매매 거래 가격을 비교해 보았습니다. catplot의 x축 라벨을 회전하려면, chart를 변수에 저장한 뒤에 xticklabel 함수를 호출해야 합니다.

```
chart = sns.catplot(x="평수구분",y="매매가격",col="시도명", hue="연월",
            kind="bar", data=apt_sale, estimator=np.median)
chart.set_xticklabels(rotation=-45)
```

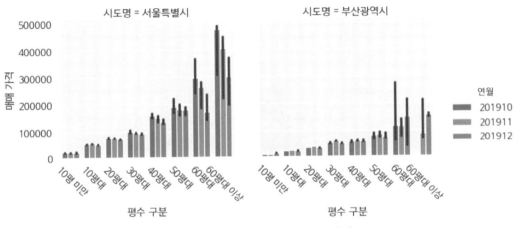

[그림 2-21] catplot으로 아파트 매매 가격 비교

<u>2.2.5</u> **회귀 분석**

회귀 분석은 두 변수가 선형 관계에 있다고 가정하고, 선형 관계를 나타내는 가장 최적의 식을 도출하는 방법입니다. 예측을 위해서도 사용할 수 있지만, 추세를 확인하거나 두 변수의 관계를 확인하기 위해서도 사용할 수 있습니다. 시본에서는 쉽게 두 변수의 회귀선을 구할 수 있는 방법을 제공합니다.

시본 패키지의 lmplot은 두 변수의 회귀선을 그려 줍니다. 부동산 매매 데이터의 크기와 가격 변수에 대해 회귀선을 그려 보았습니다. 그래프 스타일은 점의 크기가 작은 notebook으로 하였습니다. 회귀선은 파란색인데, 색깔이 잘 구별되지 않아 빨간색으로 그려 보았습니다.

```
sns.set_context("notebook")
sns.lmplot(x="크기", y="매매가격", data=apt_sale, line_kws={'color':'red'})
```

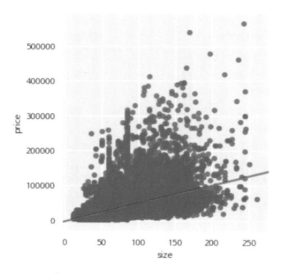

[그림 2-22] 아파트 크기와 매매 가격 회귀선 그리기

데이터가 중복되어 하나의 점에 얼마나 많은 데이터가 있는지 알 수 없다면, x_jitter나 y_jitter 입력 파라미터를 이용합니다. 데이터가 상하좌우로 흩어져서 얼마나 많은 데이터가 있는지 쉽게 파악할 수 있게 해 줍니다. 점의 테두리도 하얀색으로 변경해 보았습니다.

```
sns.lmplot(x="크기", y="매매가격", data=apt_sale, line_kws={'color':"red"},
scatter_kws={'edgecolor':"white"}, x_jitter=.9)
```

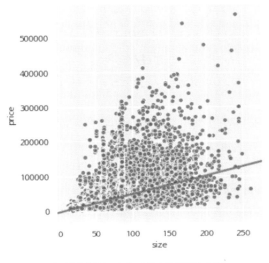

[그림 2-23] lmplot 그래프 레이아웃 수정

order 입력 파라미터에 값을 넣으면, 2차원 이상의 회귀 분석을 수행할 수 있습니다.

```
sns.lmplot(x="크기", y="매매가격", data=apt_sale, line_kws={'color':"red"},
           order=3, scatter_kws={'edgecolor':"white"}, x_jitter=.9)
```

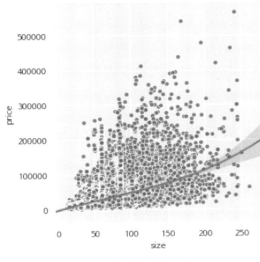

[그림 2-24] 3차원 회귀 분석

이 외에도 robust=True라고 입력하면 아웃라이어를 제거하고 회귀 분석을 수행합니다. logistic=True라고 하면 로지스틱 회귀 분석이 가능합니다. 현재는 신뢰 구간이 표현되어 있는데, ci=None이라고 하면 표시되지 않습니다. pairplot이나 jointplot에서도 kind="reg" 옵션을 주면 회귀선을 그릴 수 있습니다.

통계학에서는 회귀 분석의 가정을 검증하기 위해 잔차도를 그립니다. residplot 함수를 이용하면 잔차도도 쉽게 그릴 수 있습니다.

```
sns.residplot(x="크기", y="매매가격", data=apt_sale,
        robust=True, scatter_kws={'edgecolor':"white"})
```

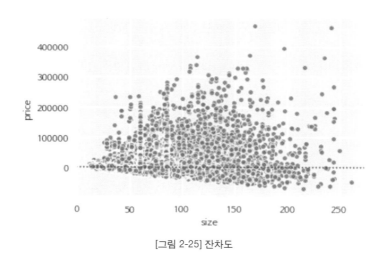

[그림 2-25] 잔차도

2.2.6 주피터 노트북 그래프 tip, interact 모듈 이용하기

주피터 노트북은 확장 기능을 통해 더 편리하게 사용할 수 있는 방법이 있습니다. 이를 주피터 노트북 익스텐션이라고 합니다. 이 중에 ipywidgets을 이용하면, 데이터를 시각화하는 데 도움이 됩니다. 여러 개의 칼럼을 탐색할 때, 드롭다운이나 리스트 등의 GUI 입력 도구를 활용할 수 있습니다.

사용하기 위해서 ipywidgets 패키지를 설치하고, widgetsnbextenstion을 활성화합니다.

```
> pip install ipywidgets
> jupyter nbextension enable --py widgetsnbextension
```

interact 모듈을 사용하려면 함수를 만들고, 함수명과 입력 변수를 interact 함수에 넣습니다. 그러면, 입력 변수에 맞게 GUI 입력 도구를 만듭니다. 예를 들어 위의 주식 데이터에서 개장가, 종가, 고가, 저가의 데이터를 따로 다루고 싶다면, 아래와 같이 할 수 있습니다.

```
from ipywidgets import interact

def draw_lineplot(col):
    sns.lineplot(x="date", y=col, hue="stock_nm", data=stock_df)

col_list=["open", "high", "low", "close", "volume"]
interact(draw_lineplot,col=col_list)
```

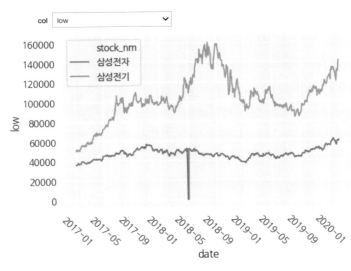

[그림 2-26] ipywidgets 이용하기

col_list에 해당하는 부분이 드롭다운 메뉴로 생성됩니다. 아래와 같이 2개 이상의 입력 변수를 넣는 것도 가능합니다. 수치형 변수를 넣으면 슬라이더, 문자형 변수를 넣으면 텍스트 박스가 생성됩니다.

```
def draw_lineplot(col, code):
    tat.xticks()
    temp=stock_df.loc[stock_df["symbol"]==code]
    sns.lineplot(x="date", y=col, hue="stock_nm", data=temp)

col_list=["open", "high", "low", "close", "volume"]
code_list=["005930", "009150"]
interact(draw_lineplot,col=col_list, code=code_list)
```

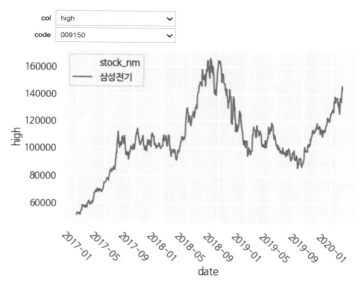

[그림 2-27] 2개 이상의 입력 요소 만들기

2.3 데이터 프레젠테이션하기

2.3.1 plotly 상호 작용이 가능한 그래프 그리기

plotly는 상호 작용이 가능한 웹 기반의 데이터 시각화를 가능하게 해 주는 패키지입니다. plotly.js라는 자바스크립트 라이브러리를 이용합니다. 예전에는 문법이 어려웠지만 많이 개선되어 지금은 사용하기에 매우 편리합니다. 터미널에서 pip install plotly를 입력하면 쉽게 설치할 수 있습니다.

plotly로 그래프를 그리는 방법은 2가지가 있습니다. 하나는 graph_objects 모듈을 이용하는 방법이고, 다른 하나는 plotly express를 이용하는 방법입니다. plotly express가 문법이 쉬워 사용하기 훨씬 편리합니다. 여기서는 plotly express를 이용하겠습니다. plotly.express 모듈을 불러오면 사용할 수 있습니다.

2.3.2 범주형 데이터 분석

항목별로 개수를 세기 위해서 plotly에서는 histogram을 사용합니다. x축과 y축에 동일한 칼럼명을 넣으면, 항목별로 개수가 표시됩니다. 개수별로 정렬하려면 update_xaxes 함수를 이용합니다. categoryorder 입력 파라미터에 total descending을 입력하면 내림차순으로 정렬됩니다.

```
import plotly.express as px

px.histogram(apt_sale, x="시도명",y="시도명").update_xaxes(categoryorder=
"total descending")
```

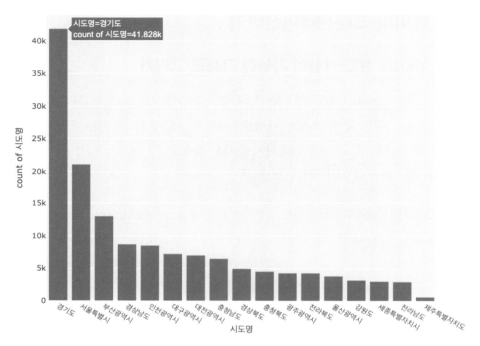

시도명=경기도
count of 시도명=41.828k

[그림 2-28] plotly 항목별 개수 세기

color에 칼럼명을 지정하면, 해당 항목으로 나눠 그래프를 그릴 수 있습니다. 그래프를 수평으로 비교하려면 update_layout 함수를 이용합니다.

```
fig = px.histogram(apt_sale, x="시도명",y="시도명", color="연월")
fig.update_layout(barmode='group')
```

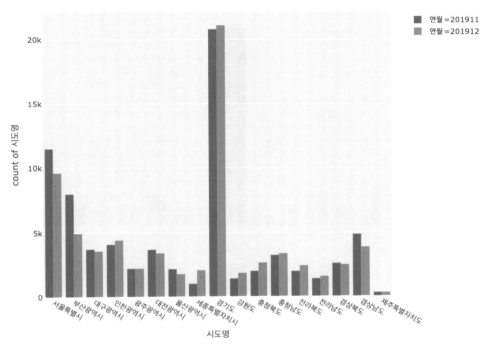

[그림 2-29] plotly 히스토그램 색깔로 구분

template 입력 파라미터를 이용하면, 쉽게 그래프의 템플릿을 변경할 수 있습니다. plotly, plotly_white, plotly_dark, ggplot2, seaborn, simple_white, none의 템플 릿을 사용할 수 있습니다.

```
fig = px.histogram(apt_sale, x="시도명",y="시도명", color="연월",
template="simple_white")
fig.update_layout(barmode='group')
```

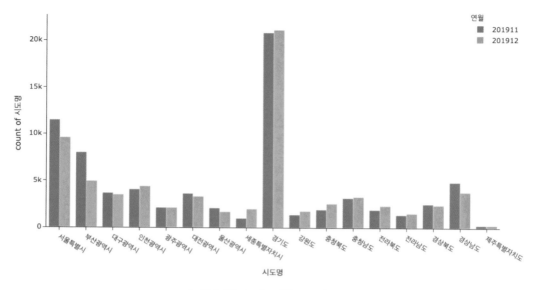

[그림 2-30] simple_white template

2.3.3 연속형 데이터 분석

plotly에서도 박스 플롯을 그릴 수 있습니다. color로 항목을 구분하고, facet_row와
facet_col에 칼럼명을 지정하여 면을 분할하여 그릴 수도 있습니다.

```
px.box(apt_sale,y="매매가격",color="평수구분",facet_col="연월")
```

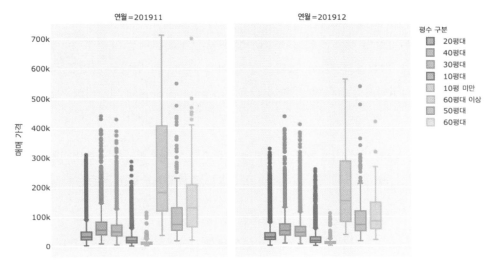

[그림 2-31] plotly 박스 플롯

시본 패키지의 distplot에 해당하는 그래프는 histogram으로 그릴 수 있습니다. x와
y에 동일한 칼럼명을 입력하면 됩니다.

```
px.histogram(apt_sale, x="매매가격",y="매매가격")
```

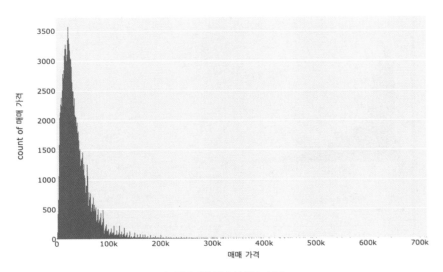

[그림 2-32] 연속형 변수 분포

plotly에서는 특정 칼럼을 기준으로 변화하는 데이터를 볼 수 있습니다. animation_frame에 칼럼명을 추가하면 됩니다. 칼럼명을 추가하면 그래프 아래에 스크롤바가 생기고 플레이 버튼을 클릭 시, 값의 이동에 따른 그래프의 변화를 확인할 수 있습니다. 이때 정렬되지 않았다면, 정렬된 값을 category_orders에 딕셔너리 자료형으로 넣어 줍니다.

category_order의 값을 지정하면, 최촛값을 기준으로 그래프의 x축, y축 범위가 고정됩니다. 그래서, range_x와 range_y에 값을 넣어 x축과 y축의 범위를 충분히 넓게 설정해야 합니다.

animation_frame은 시간에 따른 데이터 변화를 확인하기에 좋은 방법입니다.

```
cat_ord = list(set(apt_sale["건축연도"]))
px.histogram(apt_sale, x="매매가격",y="매매가격", range_x=(0,350000), range_
y=(0, 1000), animation_frame="건축연도", category_orders={"건축연도":cat_
ord})
```

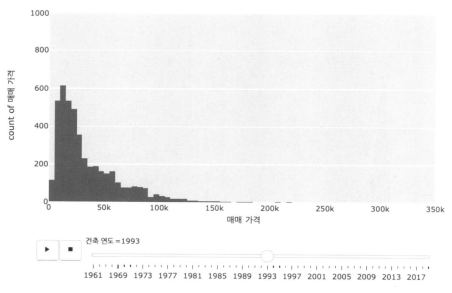

[그림 2-33] animation frame 사용

180

2.3.4 시계열 데이터 분석

line 함수를 이용해서 라인 그래프를 쉽게 그릴 수 있습니다. 주가 데이터에서 삼성전자와 삼성전기 데이터를 불러와 라인 그래프를 그려 보았습니다.

```
import pymysql
import pandas as pd

db_conf = {
    "host": "127.0.0.1",
    "user": "test",
    "password": "test11",
    "database": "finance",
}

con = pymysql.connect(**db_conf)
stock_df = pd.read_sql("SELECT * FROM STOCK_DATA WHERE symbol in
('005930','009150')", con)
con.close()

stock_df["date"] = stock_df["date"].astype("datetime64")
px.line(stock_df, x="date", y="close", color="symbol")
```

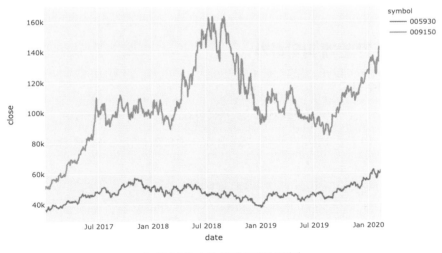

[그림 2-34] plotly 라인 그래프 그리기

삼성전기의 주가가 더 커서 변화가 더 두드러지게 나타납니다. 이럴 때는 로그 변환을 이용하면 좋습니다. plotly에서는 log_x, log_y 입력 파라미터를 통해 쉽게 로그 변환이 가능합니다.

```
px.line(stock_df, x="date", y="close", color="symbol", log_y=True)
```

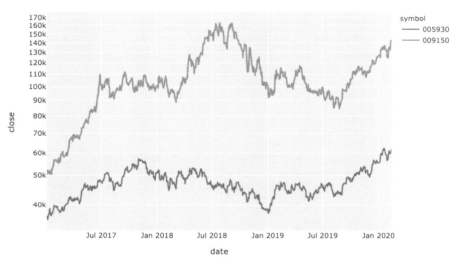

[그림 2-35] Y축 로그 변환

2.3.5 변수 간 관계 파악하기

범주형 vs 범주형

density_heatmap 함수로 히트 맵을 그릴 수 있습니다. 수치형 변수를 비교하고 싶다면, 칼럼을 하나 더 추가합니다. 해당 데이터를 기준으로 색깔로 표현해 줍니다.

```
px.density_heatmap(apt_sale, "시도명", "평수구분")
```

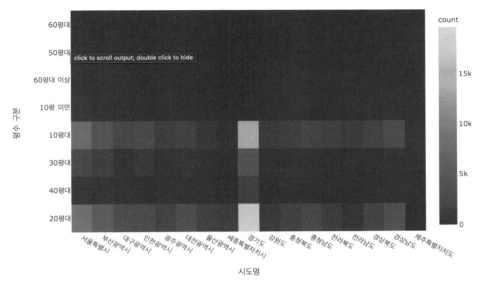

[그림 2-36] 히트 맵 그리기

그 외에도 density_contour 함수를 이용하면 등고선 형태의 그래프를 볼 수 있습니다.

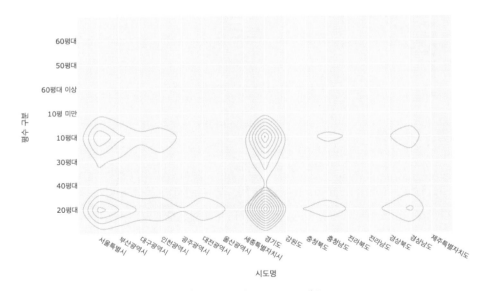

[그림 2-37] density contour 그래프

parallel_categories는 여러 개의 항목을 비교할 수 있는 그래프입니다. color 입력 파라미터에 수치형 변수를 넣어서 같이 비교할 수도 있습니다. 단, 항목의 개수가 많으면 너무 복잡해지는 단점이 있습니다.

```
px.parallel_categories(apt_sale, dimensions=["시도명", "평수구분", "연월"])
```

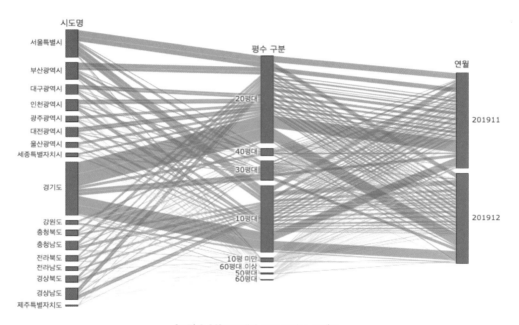

[그림 2-38] parallel_categories 그래프

수치형 vs 수치형

scatter 함수를 통해 수치형 변수를 쉽게 비교할 수 있습니다. marginal_x, marginal_y에 rug, box, violin, histogram의 값을 넣으면 데이터의 분포도 같이 확인할 수 있습니다. trendline에 ols나 lowess를 입력하면, 회귀선도 그릴 수 있습니다. lowess는 구간별로 나눠서 회귀선을 그려, 데이터 변화에 더 민감한 회귀선을 그릴 수 있습니다. opacity는 색깔의 투명도를 지정하는 옵션입니다. 데이터가 많아서 구분이 어

려운 경우에 지정하면 좋습니다.

```
px.scatter(apt_sale, "평수", "매매가격", color="시도명",
        marginal_x="histogram", marginal_y="histogram",
        trendline="lowess", opacity=0.9)
```

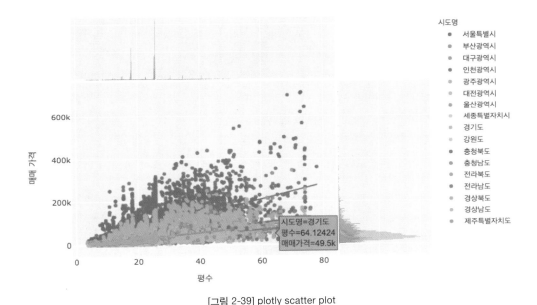

[그림 2-39] plotly scatter plot

scatter_matrix 함수를 이용하면, 여러 개의 변수를 한 번에 비교할 수 있습니다.

```
px.scatter_matrix(apt_sale, ["매매가격", "건축연도", "층", "평수"], color=
"시도명", opacity=0.5)
```

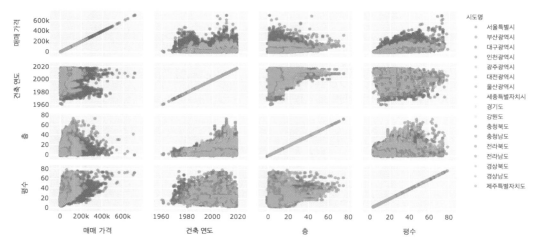

[그림 2-40] scatter matrix

scatter_3d나 scatter_ternary를 이용해서 3개의 수치형 변수 간의 관계 비교도 가능합니다.

```
apt_sale_temp["size"] = 0.1
px.scatter_3d(apt_sale_temp, "평수", "매매가격", "건축연도", size="size",
size_max=10, opacity=1)
```

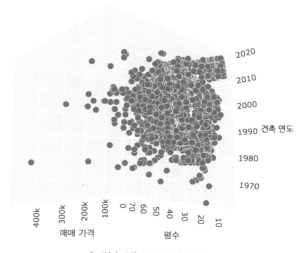

[그림 2-41] scatter plot 3d

scatter_ternary는 삼각형으로 3개 칼럼의 데이터를 비교할 수 있습니다. 데이터를 표시할 때 3개 칼럼의 데이터 범위를 모두 0과 1 사이로 조정하여 표시합니다. 그래서 3개 칼럼의 스케일이 다르면, 스케일이 적은 데이터는 한쪽으로 쏠리게 됩니다. 그래서, 각각의 칼럼을 최소-최대 변환한 후에 그래프를 그려 보았습니다.

```
apt_sale_temp["매매가격"]=(apt_sale_temp["매매가격"]-apt_sale_temp["매매가격"].min()) /(apt_sale_temp["매매가격"].max()-apt_sale_temp["매매가격"].min())

apt_sale_temp["평수"]=(apt_sale_temp["평수"]-apt_sale_temp["평수"].min()) /(apt_sale_temp["평수"].max()-apt_sale_temp["매매가격"].min())

apt_sale_temp["건축연도"]=(apt_sale_temp["건축연도"]-apt_sale_temp["건축연도"].min()) /(apt_sale_temp["건축연도"].max()-apt_sale_temp["건축연도"].min())

px.scatter_ternary(apt_sale_temp,"매매가격","평수","건축연도")
```

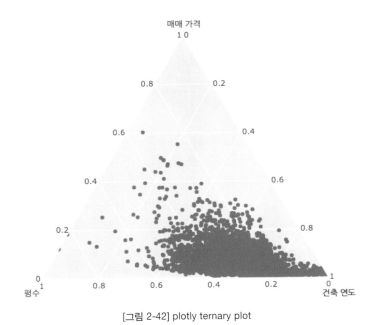

[그림 2-42] plotly ternary plot

parallel_coordinates를 이용해서도 3개 이상의 수치형 변수도 비교할 수 있습니다. color 입력 파라미터에 수치형 변수를 넣으면, 그래프가 색깔별로 구별됩니다.

```
apt_sale_temp["서울여부"]=0
apt_sale_temp["서울여부"].loc[apt_sale_temp["시도명"]=="서울특별시"]=1
px.parallel_coordinates(apt_sale_temp, dimensions =["매매가격","평수","
건축연도"], color="서울여부")
```

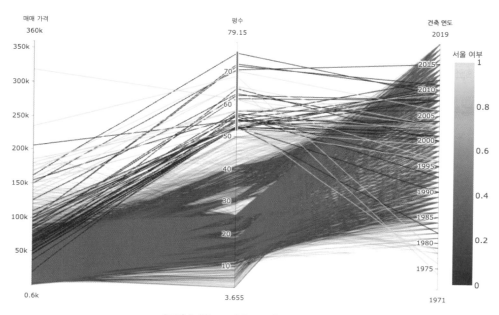

[그림 2-43] parallel coordinates 그래프

scatter_polar를 이용해서 원형의 형태에도 데이터를 시각화할 수 있습니다.

```
px.scatter_polar(apt_sale_gr, r="매매가격", theta = "시도명", size="거래건수",
symbol="평수구분", color="평수구분", range_r=(0,100000))
```

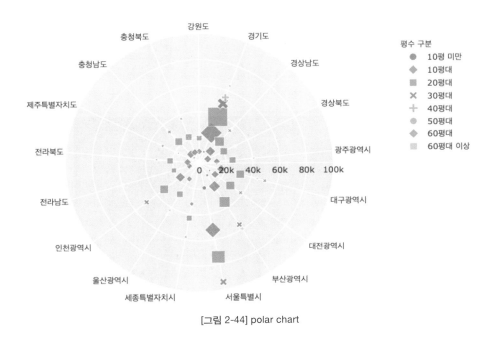

[그림 2-44] polar chart

line_polar와 bar_polar 함수를 이용해서 선형과 바(bar)도 동일한 형태의 그래프를 그릴 수 있습니다. bar_polar는 여러 개의 범주형 변수를 항목별로 비교할 수 있어 유용합니다.

범주형 vs 수치형

plotly에서는 tree map도 그릴 수 있습니다. tree map은 항목을 클릭할 때, 더 세부적인 항목으로 나눠 보여 주는 그래프입니다. 시도별로 평수를 구분하여 treemap을 그려 보았습니다. values에 넣은 값은 네모의 크기를 결정합니다. color는 값에 따라 네모의 색깔을 표현합니다.

```
apt_sale_gr=apt_sale.groupby(["시도명","평수구분"]).agg({"매매가격":"mean",
"아파트명":"size"})
apt_sale_gr=apt_sale_gr.rename(columns={"아파트명":"거래건수"})
apt_sale_gr=apt_sale_gr.reset_index(drop=False)
```

```
px.treemap(apt_sale_gr,path=['시도명', '평수구분'], values="거래건수", color="
매매가격")
```

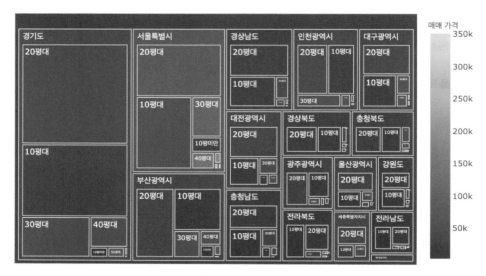

[그림 2-45] plotly treemap

이 외에도 sunburst 함수를 이용하면 원형 형태의 계층이 있는 그래프를 그릴 수 있습니다.

```
px.sunburst(apt_sale_gr,path=['시도명', '평수구분'], values="거래건수", color="
매매가격")
```

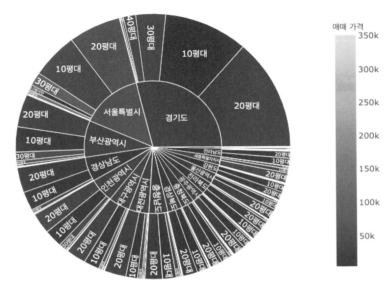

[그림 2-46] sunburst 그래프

plotly express는 문법이 간단하여 그리기 수월하지만, 원하는 만큼 표현하는 데 한계가 있을 수 있습니다. 이럴 때는 plotly express로 그린 그래프를 변수에 넣고, 해당 객체에 update_layout 함수를 호출하여 수정합니다. x축과 y축의 텍스트와 값도 이 방식으로 편집할 수 있습니다. 이에 대한 자세한 방법은 저자의 블로그(https://tariat. tistory.com/928)에서 확인할 수 있습니다.

2.3.6 기타

앞에서 주가를 라인 그래프로 그렸습니다. 하지만, 주식 투자를 하는 분들에게는 조금 아쉬울 수 있습니다. 주가 차트는 개장가, 종가, 최저가, 최고가를 박스 형태로 많이 표현하기 때문입니다. plotly에서도 동일한 형태의 그래프를 그릴 수 있지만, graph object 모듈을 이용해야 합니다.

먼저, 삼성전자의 주가 데이터를 가져옵니다.

```
import FinanceDataReader as fdr

df=fdr.DataReader("005930","2019")
```

graph object 모듈은 figure 함수 안에 그래프에 필요한 항목들을 넣습니다. data 입력 파라미터에 그래프를 그릴 데이터를 넣습니다. 주가 차트는 graph object 모듈에 Candlestick 함수로 그릴 수 있습니다. 필요한 항목의 값을 아래와 같이 넣어 주면 주가 차트를 그릴 수 있습니다.

```
import plotly.graph_objects as go

go.Figure(data=[go.Candlestick(x=df.index,
                open=df['Open'],
                high=df['High'],
                low=df['Low'],
                close=df['Close'])])
```

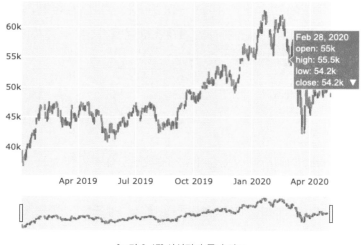

[그림 2-47] 삼성전자 주가 차트

plotly는 그래프별로 사용하는 입력 파라미터가 동일하여 사용하기 쉽습니다. 이 외에도 다양한 형태의 그래프를 그릴 수 있습니다. 더 많은 내용은 아래 링크를 참조하면 좋을 듯합니다.

- 참조: https://plot.ly/python-api-reference/plotly.express.html

2.4 dash 웹 대시보드 만들기

dash는 웹 기반의 대시보드를 쉽게 만들 수 있도록 도와주는 패키지입니다. 웹 프레임워크는 flask를 사용하며, 쉽고 빠르게 웹 대시보드를 만들 수 있습니다.

dash 요소는 html과 dash 그래프 2가지가 있습니다. html은 웹 페이지에 html 언어를 추가할 수 있는 것이고, dash 그래프는 plotly 기반의 그래프를 넣을 수 있는 요소입니다. plotly의 graph objects를 추가할 수 있는데, plotly express로 만든 그래프도 dash에서 사용할 수 있습니다.

html은 dash_html_components 모듈을 이용하여 추가할 수 있습니다. 태그 안의 값은 children이라는 입력 파라미터에 넣습니다. className, id에는 클래스명과 아이디를 지정할 수 있습니다. style에 딕셔너리 자료형으로 값을 넣어 텍스트 서식을 지정할 수도 있습니다.

```
# coding = utf-8
import dash
import dash_html_components as html

app = dash.Dash(__name__)

app.layout = html.Div(children=[
    html.H1(children='안녕하세요.'),
    html.H3('반갑습니다.'),
```

```
    html.Div('또 만났네요.', style={'color':'blue', 'fontSize':16}),
    html.P('안녕히 가세요.', className='class1', id='p1'),
])

if __name__ == '__main__':
    app.run_server(debug=True)
```

dash는 app이라는 객체를 생성하고, layout 함수를 이용해서 전체 페이지를 구성합니다. 마지막으로 main에서 run_server 함수를 호출하여 구동합니다. debug=True라고 설정하면 코드를 수정하고 저장할 때마다 웹 페이지가 새로 고침 됩니다.

실행할 때는 터미널 창에서 'python 코드명'으로 실행하거나, 파이참 상단의 [Run] - [Run…] 메뉴를 클릭합니다.

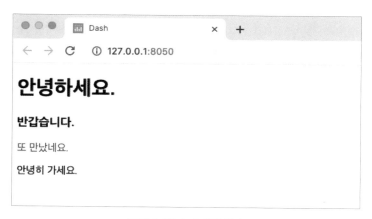

[그림 2-48] dash 실행 결과

마크다운(markdown) 형식으로 텍스트를 넣을 수도 있습니다. 마크다운은 텍스트 문서 서식을 편집하는 문법으로, 텍스트로 문서의 서식을 지정할 수 있습니다. 예를 들어, ###을 입력하면 html의 h3 태그를 이용한 것과 동일한 문서 서식을 적용할 수 있습니다. 마크다운 문법에 대한 자세한 내용은 https://dash.plot.ly/dash-core-components/markdown을 참조하기 바랍니다.

dash 그래프 요소인 dash_core_components 모듈을 이용해서 아래와 같이 추가할 수 있습니다.

```
# coding = utf-8
import dash
import dash_core_components as dcc

app = dash.Dash(__name__)

app.layout = dcc.Markdown(
    """
    ### 안녕하세요.
    ** 반갑습니다. **
    - 오늘도 또 만났네요
    """
)

if __name__ == '__main__':
    app.run_server(debug=True, port=9999)
```

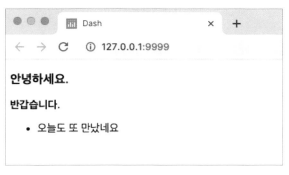

[그림 2-49] plotly 마크다운

그래프는 앞에서 다룬 plotly express 문법으로 만든 그래프를 그대로 추가할 수 있습니다. 월별 부동산 거래 건수를 웹 대시보드 형태로 만들어 보았습니다. 다음 페이지와 같이 dash_core_components 모듈의 Graph 함수를 이용해서 쉽게 추가할 수 있습니다.

```
# coding = utf-8
import dash
import dash_core_components as dcc
import dash_html_components as html

import plotly.express as px

import pymysql
import pandas as pd

def apt_deal_cnt():
    db_conf = {
        "host": "127.0.0.1",
        "user": "test",
        "password": "test11",
        "database": "finance",
    }

    con = pymysql.connect(**db_conf)
    apt_sale = pd.read_sql("SELECT * FROM APT_SALE WHERE YM>=201911
                            AND YM<=201912", con)
    con.close()

    apt_sale.columns = ["매매가격", "건축연도", "연", "월", "일", "동",
    "아파트명", "크기", "지번", "코드", "층", "연월", "id", "시간"]

    ji_code = pd.read_excel("./data/KIKcd_B.20181210.xlsx")
    ji_code["코드"] = ji_code["법정동 코드"].astype(str).str[0:5]
    ji_code_nodup = ji_code[["코드", "시도명"]].drop_duplicates()
    apt_sale = pd.merge(apt_sale, ji_code_nodup, on="코드", how="left")

    g =px.histogram(apt_sale, x="시도명", y="시도명").update_xaxes(
        categoryorder="total descending")

    return g
```

```python
app = dash.Dash(__name__)

app.layout = html.Div(children=[
    html.H1(children='아파트매매거래건수'),
    html.Br(),
    dcc.Graph(figure=apt_deal_cnt())
])

if __name__ == '__main__':
    app.run_server(debug=True, port=9971)
```

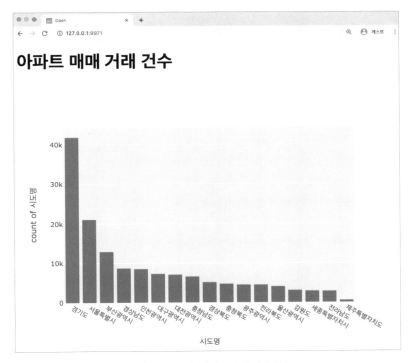

[그림 2-50] dash 아파트 매매 거래 건수

callback 데커레이터를 이용하면, 사용자 입력을 받아 처리할 수 있습니다. 입력 요소를 넣을 때는 dash_core_components의 해당 함수를 호출해야 합니다. 추가할 수 있는 입력 요소는 Input, Dropdown, Slider, RadioItems, Checklist 등이 있습니다. 각각의 요소별로 입력 파라미터가 다릅니다. 보통 value는 기본값, label은 보이는 값, 값을 선택해야 하는 경우에는 options에 딕셔너리 자료형을 리스트로 넣습니다.

사용자 입력에 따라, 값을 업데이트할 함수를 정의합니다. 이때 callback 데커레이터를 이용해야 합니다. callback을 정의할 때는 아이디가 필요합니다. input의 id의 값이 바뀔 때, 연결된 html이나 doc 요소의 값이 업데이트됩니다.

데커레이터의 사용자 입력에 해당하는 Input과 Output 함수를 추가합니다. 화면을 정의하고, 아래와 같이 @app.callback 함수로 input과 output을 연결해 줍니다.

Output 함수에서는 사용자 입력에 따라 변경할 요소의 id와 변수를 지정합니다. 업데이트할 함수에서 정의한 반환값이 Output 함수에 정의한 id의 변수에 들어가게 됩니다.

여러 개의 요소를 변경하고 싶다면, 리스트 자료형으로 추가하면 됩니다. 데커레이터 아래 정의한 함수의 반환값도 Output 개수에 맞게 지정합니다.

Input 함수에는 사용자 입력을 가져올 요소의 id와 변수를 지정합니다. 지정한 해당 id의 변숫값이 업데이트할 함수의 입력값이 됩니다.

Output과 마찬가지로 여러 개의 입력을 처리하고 싶다면 리스트 자료형으로 추가합니다. 함수의 입력값도 Input 개수에 맞게 지정합니다.

```
# coding = utf-8
import dash
import dash_core_components as dcc
import dash_html_components as html
from dash.dependencies import Input, Output

import plotly.express as px
```

```python
import pymysql
import pandas as pd

db_conf = {
    "host": "127.0.0.1",
    "user": "test",
    "password": "test11",
    "database": "finance",
}

con = pymysql.connect(**db_conf)
apt_sale = pd.read_sql("SELECT * FROM APT_SALE WHERE YM>=201901 AND
YM<=201912", con)
con.close()

apt_sale.columns = ["매매가격", "건축연도", "년", "월", "일", "동", "아파트명",
"크기", "지번", "코드", "층", "연월", "id", "시간"]

ji_code = pd.read_excel("./data/KIKcd_B.20181210.xlsx")
ji_code["코드"] = ji_code["법정동 코드"].astype(str).str[0:5]
ji_code_nodup = ji_code[["코드", "시도명"]].drop_duplicates()
apt_sale = pd.merge(apt_sale, ji_code_nodup, on="코드", how="left")

def apt_deal_cnt(ym=201912, apt_sale=apt_sale):

    apt_sale = apt_sale[apt_sale["연월"]==ym]
    g =px.histogram(apt_sale, x="시도명", y="시도명").update_
    xaxes(categoryorder="total descending")


    return g



app = dash.Dash(__name__)

app.layout = html.Div(children=[
    html.H1(children='아파트매매거래건수'),
    html.Br(),
    dcc.Slider(id="ym", min=201901, max=201912, marks={r:str(r) for r in
    range(201901,202001)}, value=201912),
```

```
        dcc.Graph(id="graph", figure=apt_deal_cnt())
])

@app.callback(
    Output("graph", "figure"),
    [Input('ym', 'value')]
)
def update_graph(input_value):
    return apt_deal_cnt(input_value)


if __name__ == '__main__':
    app.run_server(debug=True, port=9999)
```

아파트 매매 거래 건수

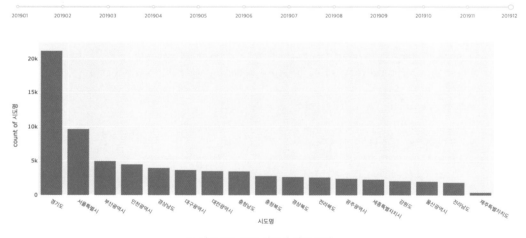

[그림 2-51] dash 사용자 입력 추가

상단의 슬라이더를 이동하면, 해당하는 연월의 거래 건수로 변경되는 것을 확인할 수 있습니다.

dash에 대한 더 자세한 사용법은 대시 사용자 가이드를 참조하기 바랍니다. 아래 주소에 방문하면 대시 사용자 가이드를 확인할 수 있습니다.

- 대시 사용자 가이드: https://dash.plotly.com/

금융 데이터 활용하기

금융 데이터 활용하기

앞에서 데이터를 수집하고, 분석하는 방법에 대해서 알아보았습니다. 이 장에서는 수집한 데이터를 분석하여, 활용할 수 있는 방안들을 이야기해 보겠습니다.

3.1 인구 통계 시각화하기

인구 통계는 경제 활동의 가장 기초가 되는 데이터로, 우리나라는 앞으로 초고령화 사회로 진입한다고 합니다. 인구 통계 자료를 성별과 연령대로 그래프를 그리면, 항아리 모양에서 종 모양으로 바뀐다고 합니다. 여기서는 직접 데이터를 수집하고, 연도에 따라 변하는 모습을 시각화하고자 합니다.

통계청에는 '장래인구추계'라는 제목으로 관련 데이터가 공개되어 있습니다. 이 데이터는 국가통계포털에서 직접 다운로드받을 수도 있고, KOSIS공유서비스에서 오픈 API를 통해 수집할 수도 있습니다. 오픈 API로 데이터를 수집하는 방법은 앞에서 많이 다루어, 여기서는 필요한 데이터만 다운로드하여 수집하겠습니다.

- 국가통계포털: http://kosis.kr/
- KOSIS공유서비스: https://kosis.kr/openapi/index/index.jsp

국가통계포털에 검색창에서 '장래인구추계'로 검색하면, 통계표에서 '장래인구추계:
성 및 연령별 추계인구(1세별, 5세별)/전국' 데이터를 찾을 수 있습니다. 해당 항목을
선택하고, 우측의 내려받기 버튼을 클릭하여 데이터를 저장합니다. 파일 형식은 엑셀
파일로 선택하면 됩니다. 셀 병합을 하지 않는 게, 데이터를 가공할 때 편리합니다. 셀
병합 앞에 체크 박스는 해제해서 저장합니다.

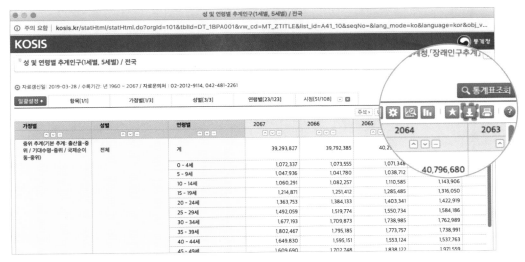

[그림 3-1] 장래인구추계 데이터 수집

이제 주피터 노트북을 열고, 엑셀 파일을 데이터 프레임으로 불러옵니다.

```
import pandas as pd
df=pd.read_excel("./data/성_및_연령별_추계　인구_1세별__5세별____전국_
20200329211654.xlsx")
```

성별과 연령별 칼럼에 합계 데이터가 있는데, 그래프를 그릴 때는 필요 없으므로 제거합니다. '가정별' 칼럼도 불필요하므로 제거해 줍니다.

```
df=df.loc[df["성별"]!="전체"]
df=df.loc[(df["연령별"]!="계") & (df["연령별"]!="80세 이상")]
df=df.drop("가정별",1)
```

연도별 인구수가 칼럼별로 있어, 그래프를 그리기 어렵습니다.

성별	연령별	2017	2018	⋯	2066	2067
남자	0~4세	1102364	1041546	⋯	550001	551133
남자	5~9세	1188607	1177422	⋯	533105	534682
남자	10~14세	1173575	1172820	⋯	569917	555377
남자	15~19세	1554471	1469053	⋯	659448	641963
⋯	⋯	⋯	⋯	⋯	⋯	⋯

[표 3-1] 연도별 인구수

이에 테이블 레이아웃을 수정합니다. 연도와 인구수 칼럼에 필요한 데이터들을 넣으려고 합니다. 이때는 stack 함수를 이용합니다. stack 함수를 이용하여, 하나의 칼럼에는 칼럼명을 넣고, 다른 칼럼에는 값을 넣는 형태로 데이터를 쌓아 줍니다. 성별과 연령별로 데이터를 쌓아야 하므로, 두 칼럼은 인덱스로 지정하고 stack 함수를 적용합니다. 이후에는 reset_index 함수를 이용하여 인덱스를 칼럼으로 전환합니다.

```
df=df.set_index(["성별","연령별"])
df = df.stack()
df = df.reset_index(drop=False)
df.columns=["성별","연령별","연도","인구수"]
```

성별	연령별	연도	인구수
남자	0~4세	2017	1102364
남자	0~4세	2018	1041546
남자	0~4세	2019	983559
남자	0~4세	2020	913646
…	…	…	…

[표 3-2] 연도와 인구수 칼럼으로 레이아웃 변경

인구수를 그래프로 그릴 때 Y축에 연령을 놓고, 좌우로 성별 인구수를 나타내는 형태로 많이 그립니다. 2개의 바 그래프를 붙여서 그릴 수도 있지만, 원하는 형태로 만들기가 쉽지 않습니다. 하지만, 남성의 인구수를 음수로 만들어서 그래프를 그리면 원하는 형태로 쉽게 그릴 수 있습니다.

```
df.loc[df["성별"]=="남자","인구수"]=df["인구수"]*-1
```

시간에 따라 변하는 그래프를 그리는 것은 plotly와 dash 모두에서 가능하지만, plotly 그래프에 animation_frame을 넣으면 더 쉽고 빠르게 만들 수 있습니다. update_layout 함수를 이용해서 그래프도 보기 좋게 수정해 줍니다.

```
import plotly.express as px

g=px.bar(df,x="인구수",y="연령별",animation_frame="연도",color="성별"
          ,range_x=(-2500000,2500000)
          ,color_discrete_sequence=("red","blue"),orientation="h")
g.update_layout(xaxis=dict(tickvals=[-2000000,-1000000,0,1000000,2000000],
                          ticktext=["200만","100만","0","100만","200만"]),
                yaxis=dict(autorange="reversed"))
```

이제 그래프 하단의 플레이 버튼을 클릭하면, 시간에 따라서 변화하는 인구수 추이를 확인할 수 있습니다.

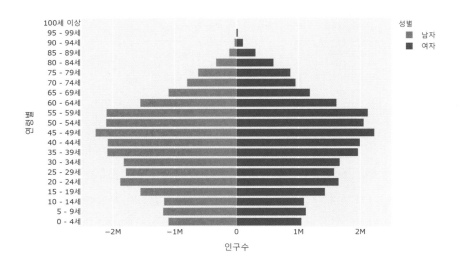

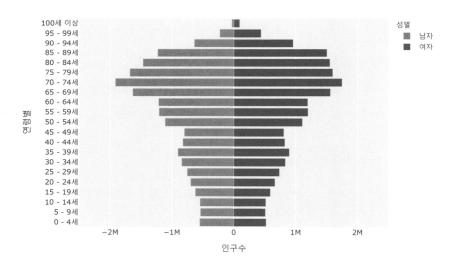

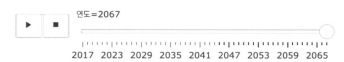

[그림 3-2] 2017년(위)과 2067년(아래) 성별·연령별 인구수 변화

시간에 따른 트렌드가 분명한 데이터는 위와 같이 시간을 축으로 그리는 것이 좋습니다. 시간이 지나면서 변화하는 모습을 더 극적으로 보여 줄 수 있기 때문입니다.

3.2 유동성과 주가, 부동산 가격 비교하기

경제 관련 서적에서 유동성과 주가, 부동산 가격의 관계는 양의 상관관계에 있다고 합니다. 여기서는 실제 데이터를 수집하여 이러한 관계를 확인해 보겠습니다.

'1.5.1 주요 경제 지표 수집하기'에서 작성한 스크래피 프로젝트에 다른 통계 코드값을 넣으면 새로운 데이터를 수집할 수 있습니다. M2(광의 통화) 경제 주체별 보유 현황(평잔)을 수집하였습니다. 통계 코드는 001Y453입니다.

MySQL DB에 저장된 데이터를 불러옵니다. 데이터의 타입을 확인해 보면, 기간과 통화량에 해당하는 값이 문자형임을 알 수 있습니다. 통화량은 float형으로 바꾸고, 연월은 날짜와 시간형으로 변경합니다. 수집한 데이터는 연월만 있습니다. 연월에 1일을 붙여 날짜와 시간 데이터 타입으로 변경한 후에, 말일로 수정합니다.

경제 주체별 보유 현황을 그래프로 그려 보았습니다.

```
import pymysql
import pandas as pd
import seaborn as sns

db_conf = {
    "host": "127.0.0.1",
    "user": "test",
    "password": "test11",
    "database": "finance",
}
```

```
con = pymysql.connect(**db_conf)
df = pd.read_sql("SELECT * FROM kor_bank WHERE stat_code='001Y453'", con)
con.close()

# 데이터 타입 변경
df["data_value"]=df["data_value"].astype(float)

df["time"]=df["time"]+"01"
df["time"]=df["time"].astype('datetime64')
df["time"] = df["time"] + pd.offsets.MonthEnd()

sns.lineplot(data=df, x="time", y="data_value", hue="item_code1")
```

경제 주체 코드에 해당하는 값은 한국은행 OPEN API 사이트의 통계 코드 검색 페이
지에서, 각각의 통계 코드를 클릭하여 확인할 수 있습니다. 아래 코드는 위에서부터
순서대로 M2 합계, 가계 및 비영리 단체, 기업, 기타 금융 기관, 기타 부문을 의미합
니다.

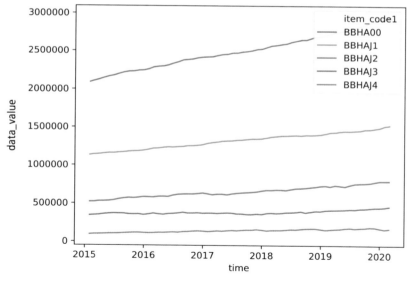

[그림 3-3] 경제 주체별 통화량

모든 통화량이 계속 증가하는 것을 알 수 있습니다. 통화량과 관련된 자료를 보면, 통화량의 전년 동월 대비 증감률이 중요한 지표임을 알 수 있습니다. pct_change 함수를 이용하면 앞의 자료 대비 증감률을 구할 수 있습니다. 입력 파라미터에 넣는 숫자만큼 앞의 데이터와 비교합니다. 데이터가 항목별로 달라, groupby 함수를 이용해서 구해 줍니다. 백분률값으로 보기 위해서 계산값에 100을 곱해 줍니다. 전년 동월 대비 통화량의 증감률을 그래프로 그려 보았습니다.

```
df["change_ratio"]=df.groupby("item_code1")["data_value"].pct_change(12)*100
sns.lineplot(data=df, x="time", y="change_ratio", hue="item_code1")
```

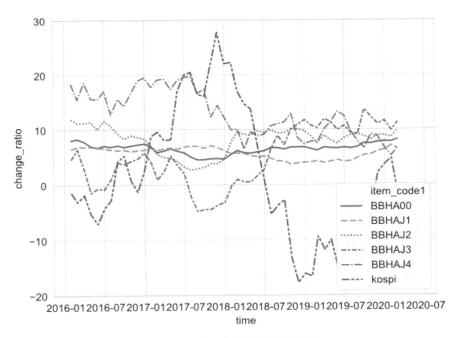

[그림 3-4] 월별 경제 주체별 통화량 증감률

코스피 지수는 '1.1 파이썬 패키지를 이용하여 데이터 수집하기'에서 다룬 Finance DataReader 패키지로 수집할 수 있습니다. resample 함수를 이용하여 월별 평균값을 구하고, pct_change 함수로 통화량과 동일하게 전년 동월 대비 증감률을 구했습니다.

```
# 주가 지수 수집하기
import FinanceDataReader as fdr

# KOSPI 지수 수집하기
df_kospi = fdr.DataReader('KS11', '2015')
df_kospi.head()

kospi_mean=df_kospi.resample('M', how="mean")
kospi_mean["change_ratio"]=kospi_mean["Close"].pct_change(12)*100
kospi_mean["item_code1"]="kospi"
kospi_mean=kospi_mean.reset_index(drop=False)
kospi_mean=kospi_mean.rename(columns={"Date":"time","Close":"data_value"})

df=pd.concat([df[["time","item_code1","data_value","change_ratio"]],
              kospi_mean[["time","item_code1","data_value","change_
              ratio"]]],0)

df_graph=df[df["item_code1"].isin(["BBHA00","kospi"])]
```

부동산 가격은 아파트 매매 평균 가격으로 확인했습니다. '1.5.2 부동산 실거래가 데이터 수집하기'에서 수집한 아파트 매매 거래 데이터를 이용해 월별 평균 가격을 구하고, 동일하게 전년 동월 대비 증감률을 계산하였습니다.

마지막으로 3가지 지표를 그래프로 그려 비교하였습니다.

```
# 아파트 매매 데이터 불러오기
con = pymysql.connect(**db_conf)
df_apt = pd.read_sql("SELECT ym,avg(price) FROM apt_sale WHERE ym>='201501'
and ym<='201912' GROUP BY ym", con)
con.close()

# 전년 동월 대비 증감률 구하기
df_apt["change_ratio"]=df_apt["avg(price)"].pct_change()*100
```

```
# 시간과 매매가격 데이터 타입 맞추기
df_apt.columns=["time","data_value","change_ratio"]
df_apt["time"]=df_apt["time"]*100+1
df_apt["time"]=df_apt["time"].astype(str).astype('datetime64')
df_apt["time"] = df_apt["time"] + pd.offsets.MonthEnd()
df_apt["item_code1"]="APT"

# 그래프 그리기
df_graph=pd.concat([df_graph,df_apt],0)
df_graph.index=df_graph["time"]
df_graph=df_graph["2016":]
sns.set_style("whitegrid")
sns.lineplot(data=df_graph, x="time", y="change_ratio", hue="item_code1",
             style="item_code1", markers=True, alpha=0.8)
```

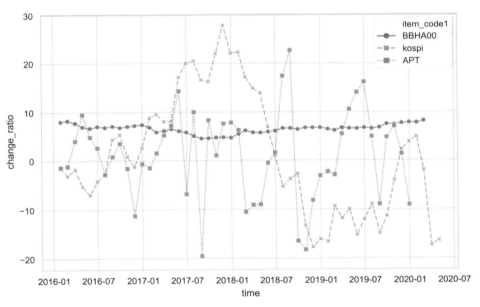

[그림 3-5] 통화량(M2), 코스피 지수, 아파트 매매 가격 전년 동월 대비 증감률 비교

부동산의 후행성은 보이는 듯하나, 통화량의 증감률 폭이 작아 비교하기 어렵습니다.
이에 최소-최대 변환(min-max normalization)을 해 보겠습니다. 사이킷런(Scikit-

learn) 패키지의 minmax_scaler 함수를 이용하면, 쉽게 변환할 수 있습니다.

```
scaler=MinMaxScaler()
df_graph1=pd.DataFrame()
for d in df_graph.groupby("item_code1"):
    d[1]["cr_minmax"]=scaler.fit_transform(d[1][["change_ratio"]])
    df_graph1=pd.concat([df_graph1,d[1]],0)
```

데이터의 변동폭을 줄이고, 추세를 확인하기 위해 6개월 이동 평균선을 구하였습니다. rolling 함수를 이용하면 이동 평균을 계산할 수 있습니다. 구하려는 개월 수를 입력하고, 요약 함수를 이용하면 해당 기간의 이동 평균을 얻을 수 있습니다.

```
df_graph_gr=df_graph1.groupby("item_code1")["cr_minmax"].rolling(6).mean()
df_graph_gr=df_graph_gr.reset_index(drop=False)
sns.lineplot(data=df_graph_gr, x="time", y="cr_minmax", hue="item_code1",
style="item_code1")
```

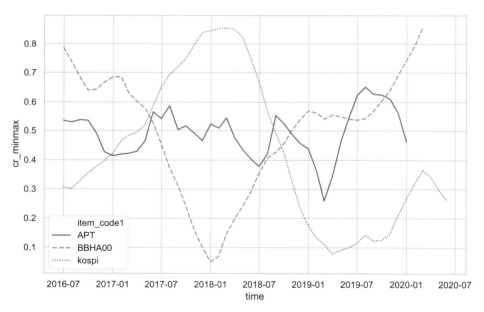

[그림 3-6] 최소-최대 변환 후 6개월 이동 평균선

비교 기간이 짧아 관계를 확인하기는 어렵지만, 해당 기간에는 전년 동월 대비 증감률이 코스피 지수가 통화량(M2)에 선행해서 움직이는 것을 알 수 있습니다. 그래프상으로는 반대로 움직인다고 볼 수도 있으나, 경제 이론에 따라 이와 같이 해석하는 것은 무리가 있습니다.

코스피와 아파트 가격의 관계는 뚜렷하게 보이지는 않지만, 코스피 지수가 선행해서 움직이는 듯합니다. 아파트 가격과 통화량은 동행하거나 아파트 가격이 약간 선행하는 것으로 보입니다.

이 외에도 관심 있는 경제·금융 지표가 있다면, 직접 수집해서 분석해 볼 수 있습니다.

3.3 주요 각국의 기준금리 비교하기

기준금리는 금리 체계 기준이 되는 금리로, 경제에 미치는 영향이 굉장히 큽니다. 여기서는 각국의 기준금리를 비교하고, 관련된 뉴스를 보여 주는 페이지를 만들어 보겠습니다.

한국의 기준금리는 '1.5.1 주요 경제 지표 수집하기'에서 한국은행 API를 이용하여 수집하였습니다. 하지만, 한국의 기준금리만 있어 다른 나라와 비교하기가 어렵습니다.

https://www.global-rates.com이라는 사이트에서는 각국의 기준금리를 표로 제공합니다. 이 데이터를 크롤링하여 각국의 기준금리 정보를 수집하겠습니다.

[그림 3-7] global-rates.com의 기준금리 정보(좌측 하단)

크롬의 개발자 도구를 이용하면, 해당 영역이 table 태그로 된 것을 알 수 있습니다. 표의 위치를 찾기가 좀 까다롭습니다. table 태그를 전부 추출한 후에 text값을 출력해 보았습니다. 18번째 table 태그가 이 표에 해당하는 것을 알 수 있습니다.

```
from urllib.request import urlopen
from bs4 import BeautifulSoup
from html_table_parser import parser_functions as parser

url="https://www.global-rates.com/interest-rates/central-banks/central-
bank-japan/boj-interest-rate.aspx"
result=urlopen(url).read()
```

```
soup=BeautifulSoup(result,"html.parser")
table_tags=soup.find_all("table")

for idx,t in enumerate(table_tags):
    try:
        print("{}: ".format(idx),end="")
        print(t.find_all("h3")[0].text)
    except:
        pass
```

[결과]

0: 1: 2: 3: 4: 5: 6: Graph Japanese interest rate BoJ - interest rates last
year
7: Graph Japanese interest rate BoJ - interest rates last year
8: 9: 10: 11: 12: 13: Graph Japanese interest rate BoJ - interest rates last
year
14: Graph Japanese interest rate BoJ - interest rates last year
15: Graph Japanese interest rate BoJ - long-term graph
16: 17: BoJ latest interest rate changes
18: BoJ latest interest rate changes
19: 20: Summary of other central banksâ?? interest rates
21: 22: 23: 24: 25: 26: 27: 28: 29:

해당 위치의 태그 정보를 가져와, 데이터 프레임으로 만듭니다.

```
table = parser.make2d(table_tags[18])
df = pd.DataFrame(table[2:], columns=table[1])
df.head()
```

[결과]

	change date	percentage
0	february 01 2016	-0.100 %
1	october 05 2010	0.000 %
2	december 19 2008	0.100 %

```
3    october 31 2008      0.300 %
4    february 21 2007      0.500 %
```

기준금리가 변경된 날짜와 몇 %로 변경했는지를 알 수 있습니다. 우리가 원하는 데이터는 일자별 기준금리이므로, 자료를 가공해야 합니다. change date 칼럼을 날짜와 시간 데이터 타입으로 변경하고, date_range 함수를 이용하여 원하는 기간만큼 날짜 칼럼을 추가하여 데이터 프레임을 만듭니다.

```python
df["dt"]=df["change date"].astype("datetime64")
df_range=pd.DataFrame({"dt":pd.date_range("1999-02-12","2019-12-31")})
```

날짜를 추가한 데이터 프레임에 수집한 데이터를 붙여 줍니다. 수집한 데이터는 변경 시점의 기준금리만 있어, 빈값(NULL값)인 데이터들이 많습니다. 데이터가 일자별로 정렬되어 있으므로, 빈값에는 앞 시점의 데이터를 채워야 합니다. fillna 함수에 method 입력 인자를 ffill로 지정하면, 앞의 값으로 빈값을 채워 줍니다.

금리를 소수형 데이터 타입으로 변경합니다. '\xa0%' 문자값 때문에 에러가 발생합니다. 이를 공백으로 바꾸고 소수형 데이터 타입으로 변경하였습니다.

마지막으로 날짜별 기준금리를 라인 그래프로 그려 보았습니다.

```python
df_1=pd.merge(df_range,df,how="left")
df_1["percentage"]=df_1["percentage"].fillna(method="ffill")
df_1["percentage"]=df_1["percentage"].str.replace("\xa0%","").astype
(float)
sns.lineplot(data=df_1,x="dt",y="percentage")
```

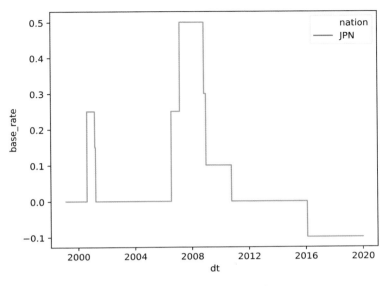

[그림 3-8] 일본 일별 기준금리 현황

이제 url을 수정하여 동일한 방법으로, 다른 국가의 기준금리 정보를 수집할 수 있습니다. 쉽게 사용할 수 있도록 함수로 만들고, 데이터 프레임에 국가를 구분하는 칼럼도 추가하였습니다.

```
def get_for_rate(nation,to="2019-12-31"):

    nation_list={
"KOR":"/central-bank-south-korea/bank-of-korea-interest-rate.aspx",
        "JPN":"/central-bank-japan/boj-interest-rate.aspx",
        "USA":"/central-bank-america/fed-interest-rate.aspx",
        "CHI":"/central-bank-china/pbc-interest-rate.aspx",
"EUR":"/european-central-bank/ecb-interest-rate.aspx"
    }

    url=nation_list.get(nation, "-1")

    if url=="-1":
        print("국가명을 확인해 주세요.")
```

```
        return -1

    url="https://www.global-rates.com/interest-rates/central-banks{}".
    format(url)
    result=urlopen(url).read()
    soup=BeautifulSoup(result,"html.parser")
    table_tags=soup.find_all("table")

    table = parser.make2d(table_tags[18])
    df = pd.DataFrame(table[2:], columns=table[1])
    df.head()

    df["dt"]=df["change date"].astype("datetime64")
    df_range=pd.DataFrame({"dt":pd.date_range(df["dt"].min(),to)})

    df_1=pd.merge(df_range,df,how="left")
    df_1["percentage"]=df_1["percentage"].fillna(method="ffill")
    df_1["percentage"]=df_1["percentage"].str.replace("\xa0%","").
    astype(float)

    df_1["nation"]=nation
    df_1=df_1.drop("change date",1)
    df_1=df_1.rename(columns={"percentage":"base_rate"})

    time.sleep(3)

    return df_1

df_kor=get_for_rate("KOR")
df_jpn=get_for_rate("JPN")
df_usa=get_for_rate("USA")
df_chi=get_for_rate("CHI")
df_eur=get_for_rate("EUR")
df=pd.concat([df_kor,df_jpn,df_usa,df_chi,df_eur],0)
```

한국, 일본, 미국, 중국, 유럽의 기준금리 데이터를 수집하고, 하나의 데이터 프레임으
로 합쳤습니다. 국가별로 시작 일자가 달라, 5개 국가에 모두 포함된 시작 일자를 기준

으로 데이터를 추출합니다.

```
df_min_dt=df.groupby('nation')["dt"].min()
df_min_dt=max(df_min_dt)
df_graph=df.loc[df["dt"]>=df_min_dt]
```

국가별 기준금리를 그래프로 그려 보았습니다.

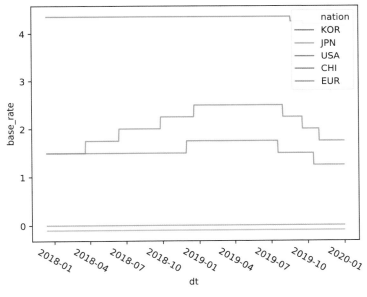

[그림 3-9] 국가별 기준금리 현황

이제 금리와 관련된 뉴스를 수집하겠습니다. API, 웹 크롤링 등 여러 가지 방법이 가능합니다. 여기서는 네이버에서 제공하는 API를 이용해서 데이터를 수집하겠습니다. 네이버 뉴스 API는 하루에 25,000번의 요청을 무료로 보낼 수 있습니다.

NAVER Developers(https://developers.naver.com/main/) 사이트에 회원가입을 하고, [Products] - [서비스 API] - [검색] 메뉴로 갑니다. '오픈 API 이용 신청' 버튼을

클릭하면, Client ID와 Client Secret 정보를 얻을 수 있습니다. 개발 가이드에 가면 API 정보를 어떻게 요청해야 하는지 자세히 알 수 있습니다.

urlopen 함수로 url의 정보를 요청하기 전에 헤더에 Client ID와 Client Secret 정보를 넣습니다. json 데이터 포맷으로 데이터를 받은 후에 json 모듈의 loads 함수를 이용하여 파싱하였습니다.

```python
import urllib.request
import json

client_id = "발급받은 Client ID를 넣습니다."
client_secret = "발급받은 Client Secret을 넣습니다."
encText = urllib.parse.quote("금리")
url = "https://openapi.naver.com/v1/search/news.json?query=" + encText #
json 결과

request = urllib.request.Request(url)
request.add_header("X-Naver-Client-Id",client_id)
request.add_header("X-Naver-Client-Secret",client_secret)
response = urllib.request.urlopen(request)

res=response.read()
result=json.loads(res)
```

[결과]

```
{'lastBuildDate': 'Sun, 12 Apr 2020 15:43:56 +0900',
 'total': 2325527,
 'start': 1,
 'display': 10,
 'items': [{'title': '대체 투자 늘린 보험사, 코로나19에 저<b>금리</b>에 적신호',
   'originallink': 'http://www.viva100.com/main/view.
   php?key=20200412010004263',
   'link': 'http://www.viva100.com/main/view.php?key=20200412010004263',
   'description': '대체 투자 늘린 보험사, 코로나19에 저<b>금리</b>에 적신호 신종
   코로나바이러스 감염증(코로나19) 탓에 금융 시장이 흔들리고 있다. 보험사들이 시장 위험을 더
```

관리해야 한다는 주장이 나왔다. 특히 저금리 환경에서 보험사가... ',
  'pubDate': 'Sun, 12 Apr 2020 15:40:00 +0900'},
...

다음 장에서 수집한 금리와 뉴스 정보를 가지고, 웹 페이지를 구성해 보겠습니다.

3.4 금융 대시보드 만들기

매번 찾아보고 분석하는 경제 지표가 있다면, 이를 대시보드로 만드는 것이 유용합니다. 직접 서버를 구매하지 않더라도, 온라인 서비스를 이용해서 자동으로 데이터를 수집하고 분석하도록 웹 페이지를 만들 수 있습니다. 웹 페이지는 '2.4 dash 웹 대시보드 만들기'에서 다룬 dash 패키지를 이용하면 쉽게 만들 수 있습니다. 여기서는 '3.3 주요 각국의 기준금리 비교하기'에서 다룬 데이터를 가지고 대시보드를 만들어 보겠습니다.

대시보드를 관리하려면 별도의 파이썬 가상 환경을 만들어서 작업하는 것이 좋습니다. 파이참에서 dashboard라는 프로젝트를 생성하고, 가상 환경을 만들었습니다. 가상 환경을 만드는 방법은 '1.5.1 주요 경제 지표 수집하기'를 참조하면 됩니다.

터미널 창을 열고, 필요한 파이썬 패키지들을 설치해 줍니다.

```
> pip install dash
> pip install html_table_parser
> pip install beautifulsoup4
> pip install pandas
```

'3.3 주요 각국의 기준금리 비교하기'에서 만든 코드를 가져옵니다. 금리와 네이버 뉴스를 수집하는 코드를 각각 함수로 만듭니다. 금리 데이터를 수집하는 함수는 데이터를 피클(pickle)로 저장합니다. 매번 웹 크롤링하면 시간도 오래 걸리고, 트래픽도 계속 발생합니다. 그래서 저장한 파일을 이용해서 그래프를 그리겠습니다.

```python
def get_all_base_rate():
    df_kor=get_for_rate("KOR")
    df_jpn=get_for_rate("JPN")
    df_usa=get_for_rate("USA")
    df_chi=get_for_rate("CHI")
    df_eur=get_for_rate("EUR")
    df=pd.concat([df_kor,df_jpn,df_usa,df_chi,df_eur],0)

    # 모든 국가에 포함된 시작 일자를 구합니다.
    df_min_dt=df.groupby('nation')["dt"].min()
    df_min_dt=max(df_min_dt)
    df_graph=df.loc[df["dt"]>=df_min_dt]

    df_graph.to_pickle("df_graph.pkl")

    return 1


def get_naver_news():
    API_KEY="발급받은 API키를 입력합니다."
    word="금리"

    from urllib.parse import quote

    url="https://gnews.io/api/v3/search?q={}&lang=ko&token={}".
    format(quote(word),API_KEY)
    result=urlopen(url)
    html=result.read()


    import urllib.request
    import json

    client_id = "네이버API client id를 입력합니다."
```

```
client_secret = "네이버API client secret을 입력합니다."
encText = urllib.parse.quote("금리")
url = "https://openapi.naver.com/v1/search/news.json?query=" + encText
# json 결과

request = urllib.request.Request(url)
request.add_header("X-Naver-Client-Id",client_id)
request.add_header("X-Naver-Client-Secret",client_secret)
response = urllib.request.urlopen(request)

res=response.read()
result=json.loads(res)

return result
```

파이썬 코드를 하나 더 생성해서, dashboard를 만듭니다. 먼저, 기준금리 그래프를 추가하겠습니다. 기준금리 데이터는 앞에서 저장한 피클을 이용합니다. 그래프는 plotly express 모듈을 함수로 작성합니다.

```
# coding = utf-8
import dash
import dash_core_components as dcc
import dash_html_components as html
import collect_base_interest_rates as gbr
import pandas as pd
import plotly.express as px

app=dash.Dash(__name__)

def get_interests_graph():
    df=pd.read_pickle("df_graph.pkl")
    fig=px.line(df, x="dt", y="base_rate", color="nation")

    return fig

app.layout=html.Div(children=[
```

```
    html.H3("주요 각국 기준금리 현황",style={'text-align':'center'}),
    dcc.Graph(id="graph1", figure=get_interests_graph())
])

if __name__ == '__main__':
    app.run_server(debug=True)
```

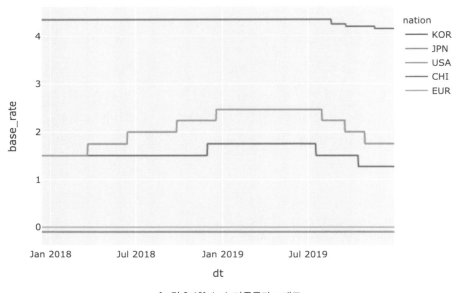

[그림 3-10] dash 기준금리 그래프

다음으로 네이버 뉴스를 가져와서 HTML 코드로 변경합니다. 제목에 a 태그를 추가하여, 클릭하면 해당 뉴스로 이동하게 합니다. dash_html_components 모듈을 이용하면, 쉽게 HTML로 만들 수 있습니다.

수집한 네이버 뉴스는 items 키에 뉴스 기사가 들어 있습니다. 이를 반복문을 이용하여 HTML로 만듭니다. 제목은 title, 기사 내용은 description키에 있습니다. &quot,

, 같은 무의미한 단어를 지워 줍니다. 다음으로 html.A를 이용해서 링크로 만듭니다. href에 링크 주소를 넣습니다. 이후에 htmlLi 함수를 이용해서 목록 형태로 만듭니다.

뉴스를 검색한 시간도 추가했습니다. datetime.now()를 이용하면, 현재 시간을 알 수 있습니다. 하지만, 서버에 파일을 이관한 후에는 시간이 맞지 않습니다. 이는 서버의 위치가 한국이 아니라 시간이 다르기 때문입니다. 이에 timezone.utc를 입력하여 국제 표준시로 시간을 구하고, 여기에 9시간을 더합니다. 우리나라는 국제 표준시와 9시간 차이가 나는 위치에 있기 때문입니다.

완성된 HTML 태그들은 link_list라는 리스트 자료형에 추가하여 반환합니다. 이 리스트를 html.Div에 children 입력 파라미터에 넣으면 그대로 사용할 수 있습니다.

```python
def get_news():
    """
    :return: 네이버 뉴스 검색 리스트
    """
    result=gbr.get_naver_news()

    items=result["items"]
    link_list=[]

    from datetime import datetime, timezone, timedelta
    now=datetime.now(timezone.utc) + timedelta(hours=9)
    now=datetime.strftime(now,"%Y-%m-%d %H:%M:%S")
link_list.append(html.Div(children="뉴스 검색 시간:{}".format(now),
style={"text-align":"right"}))

    for i in items:
        exc_word=["&quot;","<b>","</b>"]
        title=i["title"]
        description=i["description"]

        for e in exc_word:
```

```
            title=title.replace(e,"")
            description=description.replace(e, "")

        #제목 링크 넣기
        link=html.A(title,href=i["originallink"],style={"font-size":
        "14pt"})
        link=html.Li(link)
        link_list.append(link)

        # 설명 추가
        description=html.Article(description)
        link_list.append(description)

        # 공백 추가
        link_list.append(html.Br())

    return link_list
```

전체 HTML 레이아웃도 아래와 같이 수정합니다.

```
app.layout=html.Div(children=[
    html.H3("주요 각국 기준금리 현황",style={'text-align':'center'}),
    dcc.Graph(id="graph1", figure=get_interests_graph()),
    html.Br(),
    html.H3("금리 관련 주요 뉴스",style={'text-align':'center'}),
    html.Div(children=get_news()),
])
```

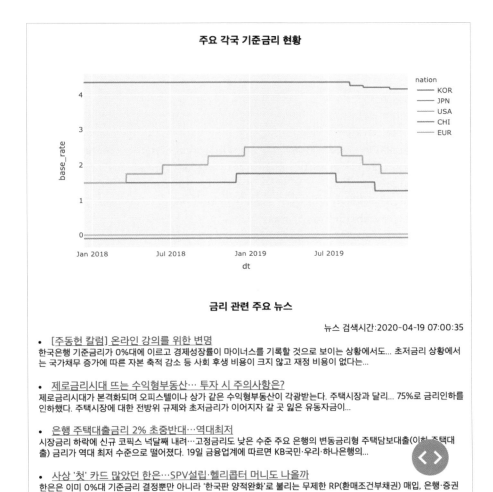

주요 각국 기준금리 현황

금리 관련 주요 뉴스

뉴스 검색시간:2020-04-19 07:00:35

- **[주동헌 칼럼] 온라인 강의를 위한 변명**
  한국은행 기준금리가 0%대에 이르고 경제성장률이 마이너스를 기록할 것으로 보이는 상황에서도... 초저금리 상황에서는 국가채무 증가에 따른 자본 축적 감소 등 사회 후생 비용이 크지 않고 재정 비용이 없다는...

- **제로금리시대 뜨는 수익형부동산… 투자 시 주의사항은?**
  제로금리시대가 본격화되며 오피스텔이나 상가 같은 수익형부동산이 각광받는다. 주택시장과 달리... 75%로 금리인하를 인하했다. 주택시장에 대한 전방위 규제와 초저금리가 이어지자 갈 곳 잃은 유동자금이...

- **은행 주택대출금리 2% 초중반대…역대최저**
  시장금리 하락에 신규 코픽스 넉달째 내려…고정금리도 낮은 수준 주요 은행의 변동금리형 주택담보대출(이하 주택대출) 금리가 역대 최저 수준으로 떨어졌다. 19일 금융업계에 따르면 KB국민·우리·하나은행의...

- **사상 '첫' 카드 많았던 한은…SPV설립·헬리콥터 머니도 나올까**
  한은은 이미 0%대 기준금리 결정뿐만 아니라 '한국판 양적완화'로 불리는 무제한 RP(환매조건부채권) 매입, 은행·증권

[그림 3-11] 기준금리 그래프에 뉴스 추가

여기서 한 가지 문제가 있습니다. 대시보드를 처음 만들고 나면, 이후에 기준금리나 뉴스 리스트에 변동 사항이 발생합니다. 대시는 시작할 때 app.layout의 내용을 만들고 이후에는 변경되지 않습니다. 그래서, 접속할 때마다 같은 화면을 보게 됩니다.

웹 페이지가 호출될 때마다 내용을 업데이트하고 싶다면, app.layout의 내용을 함수에 넣어야 합니다. 다음 코드와 같이 함수의 반환되는 값에 app.layout의 내용을 넣

고, 이 함수를 app.layout에 할당합니다. app.layout에 결괏값이 아니라 함수를 넣어야 하므로, serve_layout()이 아니라 serve_layout으로 작성합니다.

```python
def serve_layout():

    return html.Div(children=[
        html.H3("주요 각국 기준금리 현황", style={'text-align': 'center'}),
        dcc.Graph(id="graph1", figure=get_interests_graph()),
        html.Br(),
        html.H3("금리 관련 주요 뉴스", style={'text-align': 'center'}),
        html.Div(children=get_news()),
    ])


app.layout=serve_layout
```

이제 웹 페이지를 호출할 때마다 기사의 내용이 변경되는 것을 확인할 수 있습니다.

클라우드나 웹 서버를 제공하는 서비스를 이용하면, 만든 대시보드를 온라인에서도 확인할 수 있습니다. 여기서는 파이썬 애니웨어(python anywhere) 사이트에 대시보드를 올려 보겠습니다.

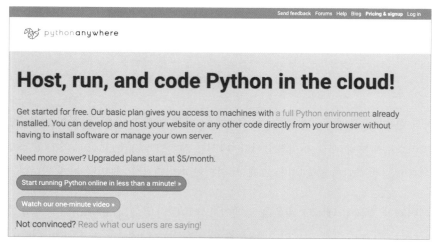

[그림 3-12] 파이썬 애니웨어 홈페이지(https://www.pythonanywhere.com)

파이썬 애니웨어는 무료로 이용할 수도 있지만, 접속할 수 있는 외부 사이트가 제한됩니다. 기준금리 정보나 네이버 뉴스 데이터를 가져와야 하므로, 최소 월 5$ 이상의 유료 서비스에 가입해야 합니다.

서비스에 가입한 후, 상단의 Web 버튼을 클릭합니다. 'Add a new web app' 버튼을 클릭하여 새로운 웹을 만듭니다.

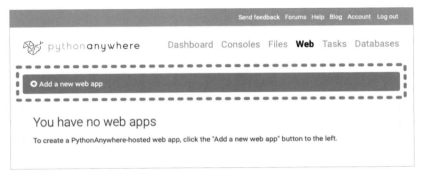

[그림 3-13] 파이썬 애니웨어 새 웹 만들기

다음 도메인 이름을 정하는 화면이 나옵니다. 별도로 가진 도메인이 있다면 해당 주소를, 없다면 상단의 [ID].pythonanywhre.com으로 생성된 기본 도메인을 선택합니다.

파이썬 웹 프레임워크를 선택하는 화면이 나옵니다. Flask를 선택하고, 파이썬 버전은 3.7을 선택합니다.

플라스크를 실행한 파일을 입력하는 화면이 나옵니다. dashboard.py로 코드를 작성했으므로, 파일명을 dashboard.py로 수정합니다. 'Next' 버튼을 클릭하면, 웹 서비스 환경이 구성됩니다.

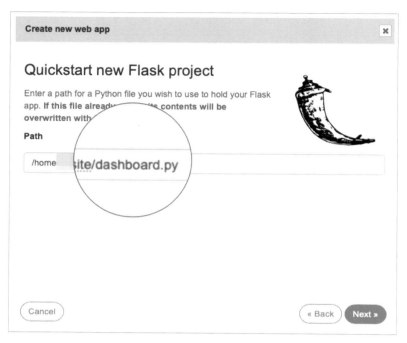

[그림 3-14] 플라스크 실행 파일로 변경

상단의 'Console' 메뉴로 가서, Bash를 클릭하여 터미널 창을 엽니다.

[그림 3-15] Bash(터미널 환경) 실행

프롬프트가 나오면, 파이썬 3.7 가상 환경을 만듭니다. 파이썬 애니웨어에서 웹 서비스 관련 기본 경로는 /home/[ID명]/mysite입니다. 다른 경로를 이용해도 되지만, 설정에서 폴더 위치를 변경해야 하므로 기본 위치를 그냥 사용하였습니다. 가상 환경은 내 컴퓨터에서는 파이참 메뉴를 통해 했지만, 여기서는 터미널에 아래와 같이 명령어를 입력하여 만듭니다.

```
> cd mysite
> python3.7 -m venv venv
```

가상 환경을 이용하기 위해서, [Web] 메뉴를 클릭한 후 페이지 중간에 Virtualenv 항목으로 갑니다. 'Enter path to a virtualenv, if desired'를 클릭하여, 가상 환경 경로를 입력합니다. 위와 동일하게 생성하였다면, /home/[ID명]/mysite/venv가 가상 환경 경로입니다.

중간에 Working directory는 /home/[ID명]/mysite로 수정합니다. 혹은 기본 금리 정보를 수집한 피클 파일을 /home/[ID명] 폴더에 두고 사용합니다.

이제 내 컴퓨터에서 작업한 코드를 올립니다. 올리기 전에 dashboard.py 파일의 main 영역의 app.run_server(debug=True) 부분을 app.run_server()로 수정합니다. debug=True 옵션을 이용하면 코드를 수정하고, 수정 사항을 확인하기 쉽습니다. 웹 브라우저에서 페이지를 다시 불러오면 수정 사항이 바로 반영되기 때문입니다. 하지만, 속도가 느려져 삭제하고 코드를 올립니다.

코드를 올리기 전에 requirements.txt 파일을 만듭니다. 서버에 만든 가상 환경에는 파이썬 패키지가 설치되어 있지 않습니다. 내 컴퓨터에 설치한 것과 동일한 패키지를 이용하기 위해서, 현재 사용하는 패키지 리스트를 requirements.txt 파일로 생성합니다. 파이참에서 터미널 창을 열고 아래와 같이 입력하면, requirements.txt 파일을 만들 수 있습니다.

```
> pip freeze > requirements.txt
```

상단의 [Files] 메뉴에서 'Upload a file' 버튼을 클릭하면, 파일을 업로드할 수 있습니다. venv 폴더를 제외한 파일을 압축 또는 개별로 업로드합니다. 압축 파일은 [Console] 메뉴에서 Bash를 클릭하여 터미널에서 압축을 해제합니다.

[그림 3-16] 총 4개 파일을 업로드합니다

파이썬 애니웨어 싸이트에서 터미널 창을 열어 패키지를 설치합니다. 패키지를 설치하기 전에 가상 환경을 활성화하고, requirements.txt 파일에 있는 패키지들을 설치합니다.

```
> cd /home/[ID명]/mysite/venv
> source bin/activate
> cd ..
>pip install -r requirements.txt
```

dash를 사용하려면 WSGI configuration file을 수정해야 합니다. 상단의 [Web] 메뉴로 이동합니다. 중간에 보면 Code 항목에 'WSGI configuration file'이 있습니다. 옆의 링크를 클릭한 후에 파일을 수정합니다. 제일 하단에 보면 다음 코드와 같이 같이 입력되어 있습니다.

```
from dashboard import app as application  # noqa
```

위 부분을 주석 처리하고, 아래 내용을 추가로 입력하고 저장합니다.

```
from dashboard import app
application=app.server
```

이제 다시 Web 메뉴로 와서 reload 버튼을 클릭하여, 웹을 재구동합니다.

[그림 3-17] 웹 재구동

이제 상단의 웹 주소 https://[ID명].pythonanywhere.com에 접속하면, 웹 페이지가 정상적으로 구동하는 것을 확인할 수 있습니다.

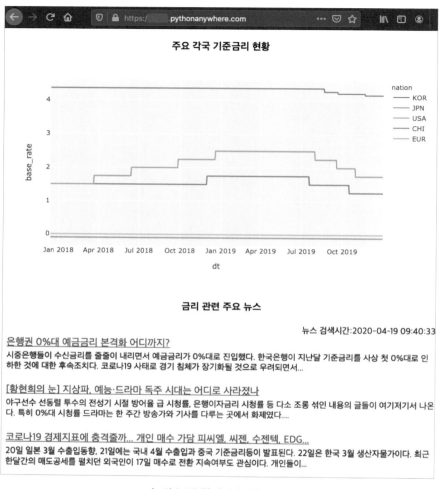

[그림 3-18] 웹 페이지 접속 모습

앞에서 만든 대시보드를 웹 서버에 올려 보았습니다. 기준금리 외에도 관심 있는 경제
·금융 지표들을 추가하면, 유용하게 사용할 수 있습니다.

3.5 매매가 대비 전세가 높은 아파트 찾아보기

부동산은 우리 실생활과 밀접하게 관련이 있고, 꼭 필요한 것이라 투자 대상으로도 많이 고려됩니다. 하지만, 부동산은 거래 금액이 커서 쉽게 접하기 어렵습니다. 그래서 매매가 대비 전세가 높은 아파트에 투자하는 방법이 한때 유행한 적이 있습니다. 여기서는 매매가 대비 전세가 높은 아파트를 탐색해 보겠습니다. 그리고, 다음 장에서는 이 아파트 중에서 강남역에 출퇴근하기 좋은 아파트를 찾아보겠습니다.

먼저, 2019년 11월부터 2020년 1월까지 3개월 동안의 아파트 매매, 전세 거래 데이터를 불러옵니다. 시도를 구분하고, 평수를 나누는 등의 작업을 하였습니다. '2. 금융 데이터 분석하기'에서도 다룬 내용이라 자세한 설명은 생략하겠습니다.

```python
# coding = utf-8

import pymysql
import pandas as pd
import numpy as np
import seaborn as sns

db_conf = {
    "host": "127.0.0.1",
    "user": "test",
    "password": "test11",
    "database": "finance",
}

con = pymysql.connect(**db_conf)
apt_sale = pd.read_sql("SELECT * FROM APT_SALE WHERE YM>=201911 AND
YM<=202001", con)
apt_lent = pd.read_sql("SELECT * FROM APT_LENT WHERE YM>=201911 AND
YM<=202001", con)
con.close()

apt_sale.columns = ["매매가격", "건축연도", "년", "월", "일", "동", "아파트명",
```

```
                 "크기", "지번", "코드", "층", "연월", "id", "시간"]
apt_lent.columns=["건축연도","년","동","보증금가격","아파트명","월","월세",
    "거래일","크기","지번","코드","층","연월","id","시간"]

# 시도명을 붙입니다.
ji_code = pd.read_excel("./data/KIKcd_B.20181210.xlsx")
ji_code["코드"] = ji_code["법정동 코드"].astype(str).str[0:5]
ji_code_nodup = ji_code[["코드", "시도명", "시군구명"]].drop_duplicates()

apt_sale = pd.merge(apt_sale, ji_code_nodup, on="코드", how="left")
apt_lent = pd.merge(apt_lent, ji_code_nodup, on="코드", how="left")

# 아파트 평수를 나눕니다.
label = ["10평 미만", "10평대","20평대", "30평대", "40평대", "50평대", "60평대",
    "60평대 이상"]
apt_sale["평수"] = apt_sale["크기"]/3.3
apt_sale["평수구분"] = pd.cut(apt_sale["평수"], [0,10, 20, 30,40,50, 60,70,
np.Inf], labels=label)

apt_lent["평수"] = apt_lent["크기"]/3.3
apt_lent["평수구분"] = pd.cut(apt_lent["평수"], [0,10, 20, 30,40,50, 60,70,
np.Inf], labels=label)

# 전세 데이터만 추출합니다.
apt_lent_j = apt_lent.loc[apt_lent["월세"]==0]
```

전세와 매매 가격의 평균을 구하고, 두 데이터를 결합합니다. 부동산의 가격을 결정하는 요소는 위치, 크기, 층 등이 있습니다. 층까지 구분하면 각각의 항목에 해당하는 데이터 수가 너무 적어지므로, 크기까지만 구분하여 평균 가격을 계산하였습니다.

```
apt_sale_gr = apt_sale.groupby(["시도명", "시군구명", "동", "지번" ,"아파트명",
    "평수구분"]).agg({"매매가격":"mean","아파트명":"size"})
apt_sale_gr.columns = ["매매가_평균", "매매거래건수"]
apt_lent_j_gr = apt_lent_j.groupby(["시도명", "시군구명", "동","지번" ,"아파트명",
    "평수구분"]).agg({"보증금가격":"mean","아파트명":"size"})
apt_lent_j_gr.columns = ["전세가_평균", "전세거래건수"]
```

거래 건수의 분포를 그래프로 그려 보았습니다. 거래 건수가 1건인 아파트들이 다수 존재합니다. 이 건들은 평균 가격이 의미가 없지만, 여러 아파트를 후보에 놓고 탐색하기 위해 그냥 진행하였습니다.

```
sns.countplot(apt_sale_gr["매매거래건수"], label="small")
sns.countplot(apt_lent_j_gr["전세거래건수"], label="small")
```

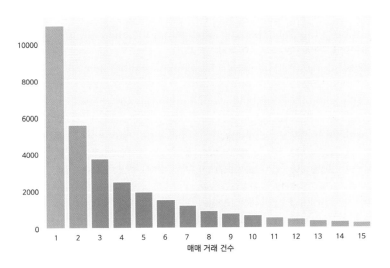

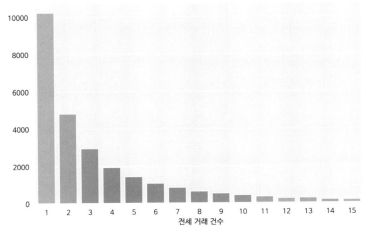

[그림 3-19] 아파트별 매매·전세 거래 건수 합계(2019년 11월~2020년 1월)

두 데이터를 결합해서 매매가 대비 전세가율을 구하고, 내림차순으로 정렬하였습니다. 데이터 프레임을 출력할 때 칼럼 수가 많아, 데이터가 다 보이지 않습니다. set_option 함수를 이용하여, 화면에 표시되는 최대 칼럼 수를 조정하였습니다.

```
apt_tot = pd.merge(apt_lent_j_gr, apt_sale_gr, how="inner", left_index=True, right_index=True)

apt_tot["전세가_비율"]=apt_tot["전세가_평균"]/apt_tot["매매가_평균"]
apt_tot.sort_values("전세가_비율", ascending=False)

pd.set_option('display.max_columns', 100)
apt_tot.head()
```

[결과]

시도명	시군구명	동	지번	...	전세가_평균	전세거래건수	매매가_평균	매매거래건수	전세가_비율
강원도	원주시	태장동	682	...	8000.000000	1	7450.000000	4	1.073826
경상북도	구미시	도량동	868	...	26571.428571	7	32671.428571	14	0.813293
경기도	군포시	당동	746-13	...	27200.000000	1	27600.000000	1	0.985507
충청남도	논산시	강산동	643	...	4900.000000	5	6517.105263	19	0.751868
경기도	안산시 상록구	월피동	446	...	10545.454545	11	14897.058824	34	0.707888

전세가 비율의 분포를 확인해 보았습니다.

```
import numpy as np
g = sns.distplot(apt_tot["전세가_비율"])
g.set_xticks(np.arange(0,2.5,0.1))
```

238

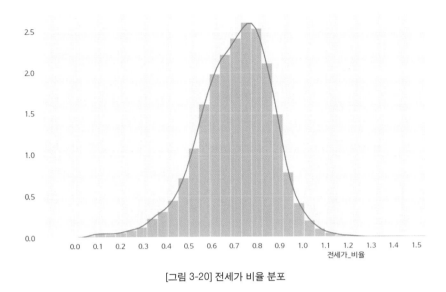

[그림 3-20] 전세가 비율 분포

70~80%대에 해당하는 건수가 제일 많은 것을 알 수 있습니다. 이 아파트 중에서 강남역에 출퇴근하기 좋은 아파트는 어떤 것이 있는지 다음 챕터에서 확인해 보겠습니다.

3.6 강남역에서 가까운 아파트 찾아보기

부동산에 투자할 때는 교통, 학군, 생활 편의 시설 등 여러 가지 요소를 고려해야 합니다. 여기서는 앞에서 다룬 전세가 비율이 높은 아파트 중에서 강남역에 출퇴근하기 좋은 아파트를 알아보겠습니다.

강남역 주변에서도 아파트 가격이 낮을 것으로 예상되는 경기도 지역의 구리시, 하남시, 성남시에 있는 아파트를 추출하였습니다.

```
apt_tot=apt_tot.reset_inde x(drop=False)
apt_kkd=apt_tot.loc[apt_tot["시군구명"].str[0:3].isin(["구리시","하남시","성남시"])]
apt_kkd["시도명"].value_counts()
```

경기도　　694

추출한 지역별로 전세가 비율의 분포를 알아보았습니다. tat 모듈은 그래프를 쉽게 그리기 위해 만든 사용자 모듈입니다. 자세한 내용은 '2.2 데이터 시각화 및 분석하기'를 참조하면 됩니다. 만들지 않았다면, seaborn 패키지를 이용해서 그리면 되겠습니다.

```
import tat
tat.distplot(data=apt_kkd, x="전세가_비율", hue="시군구명")
```

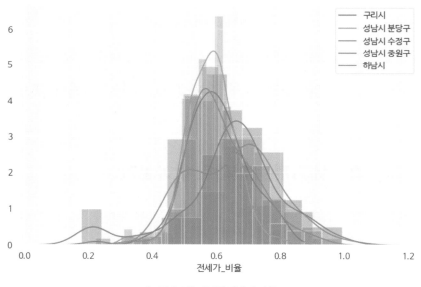

[그림 3-21] 지역별 전세가 비율

전세가 비율이 70%를 넘는 아파트들을 추출하였습니다. 강남역까지 대중교통 이용 시 걸리는 시간을 알기 위해서, 주소를 만들어야 합니다. 데이터에 있는 시도명, 구명, 아파트명, 지번을 결합하여 주소를 만들었습니다.

```
apt_kkd_70 = apt_kkd[apt_kkd["전세가_비율"]>0.7]
len(apt_kkd_70)

apt_kkd_70["주소"]=apt_kkd_70["시도명"]+" "+apt_kkd_70["시군구명"] + " " +
apt_kkd_70["동"] +" "+ apt_kkd_70["지번"] +" "+ apt_kkd_70["아파트명"]
apt_kkd_70=apt_kkd_70.reset_index(drop=True)
juso=apt_kkd_70["주소"][0]
```

아파트 주소에서 강남역까지 대중교통으로 가는 시간을 확인하기 위해 구글 클라우드를 이용합니다. '구글 클라우드 플랫폼'의 Map API를 이용하면 구글 지도에서 확인하는 여러 가지 정보를 받을 수 있습니다.

구글 클라우드 플랫폼에 가입하고, 좌측 메뉴에 [기타 GOOGLE 솔루션] - [Google 지도]를 클릭합니다. 구글 지도와 관련된 여러 가지 API를 확인할 수 있습니다. 이 중에서 Directions API를 이용하면, 원하는 데이터를 얻을 수 있습니다.

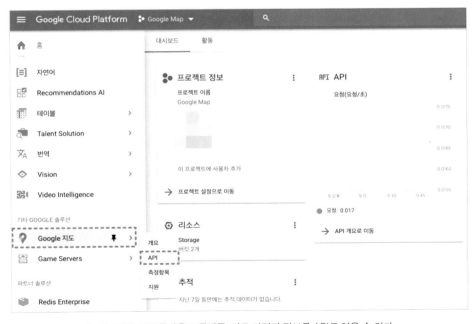

[그림 3-22] 구글 클라우드 플랫폼, 지도 관련된 정보를 API로 얻을 수 있다

인증키를 신청해서 발급받고, 아래와 같이 URL을 구성하여 전송합니다.

- 구글 클라우드 플랫폼 주소: https://console.cloud.google.com/
- Directions API 요청 url: https://maps.googleapis.com/maps/api/directions/json?origin=[출발 주소]&destination=[도착 주소]&mode=transit&key=[인증키]

mode=transit은 대중교통을 이용해서 가는 것을 의미합니다. 자동차나 도보로 갈 때의 정보도 얻을 수 있습니다. Directions API의 자세한 사용 방법이 궁금하다면, 아래 링크를 참조하기 바랍니다.

- Directions API 안내 주소: https://developers.google.com/maps/documentation/directions/intro#TravelModes

API를 사용하는 방법은 앞에서도 자세히 다루어, 별도 설명은 생략하겠습니다. 회신 받은 데이터가 json 형태라, 키값을 이용해서 원하는 데이터를 추출할 수 있습니다. 별도의 유료 정책을 이용하지 않으면, 100초당 5,000개의 데이터를 요청할 수 있습니다. 요청 건수가 5,000개를 넘지는 않지만, for문 뒤에 sleep 함수를 넣어 1~3초 간 정지시켰습니다. 이 부분은 생략해도 무방합니다.

```
for idx, juso in enumerate(apt_kkd_70["주소"]):
    try:
        url="https://maps.googleapis.com/maps/api/directions/json?origin=
        "+quote(juso)+"&destination="+quote("강남역")+"&mode=transit&key=
        "+api_key
        result=urlopen(url).read()
        json_result = json.loads(result)
        dur_time = json_result["routes"][-1]["legs"][-1]["duration"]
        ["text"]
        apt_kkd_70.loc[apt_kkd_70["주소"]==juso,"시간"] = dur_time
        print("{}: {}, {}".format(idx,juso,dur_time))
    except Exception as e:
```

```
        print(e)

    time.sleep(random.randint(1,3))
```

대중교통으로 강남역까지 가는 시간이 '1hour 38mins'와 같이 텍스트로 저장되었습니다. 이에 수치형 데이터로 변환하였습니다. API로 값을 제대로 회신받지 못한 경우에는 공백이 들어가 있습니다. 이 경우에 해당하는 데이터가 2건 있습니다. 이는 제거하였습니다.

```
def change_to_m(x):
    if x=="":
        return None

    if x.find("hours")>-1:
        h=x.split(" hours")[0]
        h=int(h)*60
        x=x.split(" hours")[1]
    elif x.find("hour")>-1:
        h=x.split(" hour")[0]
        h=int(h)*60
        x=x.split(" hour")[1]
    else:
        h=0

    m=x.split(" min")[0]
    m=int(m)

    return h+m

apt_kkd_70["대중"]=apt_kkd_70["시간"].apply(change_to_m)
len(apt_kkd_70)

apt_kkd_70_1 = apt_kkd_70[apt_kkd_70["대중"].isnull()==False]
len(apt_kkd_70_1)
```

아파트 평수에 따라, 산점도를 그려 보았습니다.

```
sns.scatterplot(data=apt_kkd_70_1, x="전세가_비율", y="대중", hue="평수구분")
```

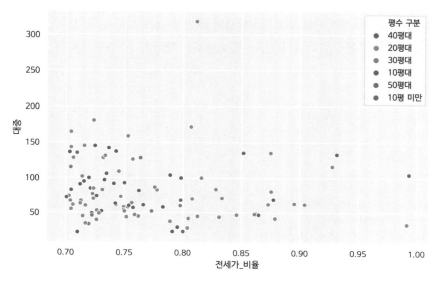

[그림 3-23] 평수에 따른 전세가 비율과 대중교통 시간 산점도

강남역까지 50분 미만이 소요되고, 전세가 비율이 85%가 넘는 아파트들이 5건 있습니다. 20평대의 아파트가 많은 것도 알 수 있습니다. 어떤 아파트들이 이에 해당하는지 출력해 보았습니다.

```
temp = apt_kkd_70_1[(apt_kkd_70_1["대중"]<50) & (apt_kkd_70_1["전세가_비율"]
>0.85)]
print(temp)
```

특정 아파트를 언급하는 것은 이 책의 취지와 맞지 않아 출력 결과는 생략하였습니다. 구글 API는 요청하는 시간을 기준으로 결괏값을 회신해 줍니다. 그래서, 출근 시간에 해당하는 데이터를 정확히 얻고 싶다면, 해당 시간에 API를 호출하는 것이 좋습니다.

집을 선택하는 기준과 방법은 여러 가지가 있습니다. 이렇게 자신이 원하는 기준에 따라 데이터를 수집하고 비교해 보는 것도 좋은 방법이라고 생각합니다.

3.7 배당 수익률이 높은 주식 찾아보기

주식 투자하는 전략은 여러 가지가 있습니다. 그중에서 배당주의 배당 수익률을 보고 투자하는 분들도 있습니다. 오늘은 국내 주식의 배당 수익률을 현재 시가 기준으로 확인해 보고 어떤 주식이 좋을지 선택해 보겠습니다.

'1.3.7. 셀레늄을 이용해서 웹 크롤링하기'에서 기업 배당 데이터를 '1.5.3 주가 정보 수집하기'에서 주가를 수집하였습니다. 이 코드를 이용해서 2019년 배당 결과를 수집합니다. 수집한 결과는 stock_div.pkl 파일로 저장하였습니다.

주피터 노트북을 실행하여 데이터를 확인하고, 현재 주가를 붙이겠습니다.

```
In[1]:   import pandas as pd

         df=pd.read_pickle("stock_div.pkl")
         df.head()
Out[1]:
```

순위	종목코드	종목명	...	주당배당금	시가배당률	액면가배당률	액면가	결산 월
1	084670	동양고속	...	4,700	16.90	94.00	5,000	12
2	034950	한국기업평가	...	8,618	14.30	172.36	5,000	12
3	172580	하이골드오션12호국제선박투자회사	...	0	13.10	7.32	5,000	12
4	095720	웅진씽크빅	...	310	12.60	62.00	500	12
5	155900	바다로19호선박투자회사	...	0	11.80	7.00	5,000	12

수집한 데이터에는 유가 증권, 코스닥, 코넥스, 프리보드, 기타 비상장 배당 데이터가 있습니다. 관심이 있는 유가 증권과 코스닥 시장만 가져옵니다.

```
In[3]:   df=df[df["시장구분"].isin(["유가증권시장","코스닥시장"])]
```

데이터 타입을 확인해 보았습니다. 모두 object(문자형)으로 되어 있습니다.

```
In[4]:   df.dtypes
Out[4]:
순위          object
종목코드       object
종목명        object
주식종류       object
시장구분       object
주당배당금      object
시가배당률      object
액면가배당률     object
액면가        object
결산월        object
dtype: object
```

주당 배당금과 시가 배당률만 정수 타입(int)과 소수점 타입(float)으로 변경하였습니다.

```
In[5]:   df["주당배당금"]=df["주당배당금"].str.replace(",","").astype(int)
         df["시가배당률"]=df["시가배당률"].astype(float)
```

주당 배당금이 0원인 데이터들도 있어 삭제하였습니다.

```
In[6]:   df=df.loc[df["주당배당금"]!=0]
```

데이터를 확인해 보면 일부 오류가 있는 것을 발견할 수 있습니다. 발견한 오류를 수정하였습니다.

```
In[5]:   df.loc[df["종목명"]=="한국화장품제조","시가배당률"]=0.32
         df.loc[df["종목명"]=="알서포트","시가배당률"]=0.77
```

현재 주가와 비교하기 위해서 배당 당시의 주가를 계산해 줍니다. 시가 배당률이 배당 시점의 주가를 기준으로 하므로, 역으로 계산해 주면 당시 주가를 알 수 있습니다.

```
In[6]:   df["배당기준주가"]=df["주당배당금"]/df["시가배당률"]*100
```

다음으로 현재 시점의 주가를 수집합니다. '1.1 파이썬 패키지를 이용하여 데이터 수집하기'에서 다룬 FinanceDataReader 패키지를 이용합니다. 특정 종목의 코드로 조회하고, 2020년 4월 16일의 종가(Close)를 반환하는 함수를 만듭니다.

```
In[7]:   import FinanceDataReader as fdr
         import time

         def get_cur(code):
             time.sleep(0.3)
             try:
                 val=fdr.DataReader(code,"20200416")["Close"].mean()
             except:
                 val=None
             return val
```

apply 함수를 이용해서, 종목 코드마다 종가를 확인하여 '현재시가'라는 칼럼에 저장합니다.

```
In[8]:   df["현재시가"]=df["종목코드"].apply(get_cur)
         df.head()
Out[8]:
```

순위	종목코드	종목명	주식종류	...	배당기준주가	현재시가
1	084670	동양고속	보통주	...	27810.650888	26700.0
2	034950	한국기업평가	보통주	...	60265.734266	62050.0

3	172580	하이골드오션12호국제선박투자회사	보통주	... 0.0000	2262.5
4	095720	웅진씽크빅	보통주	... 2460.317460	2607.5
5	155900	바다로19호선박투자회사	보통주	... 0.000000	2570.0

배당 당시 주가와 현재 주가를 이용해서 등락률을 구하고, 산점도를 그려 보았습니다.

```
In[9]:    df["등락률"]=(df["현재시가"]-df["배당기준주가"])/df["배당기준주가"]
          * 100

          import plotly.express as px
          px.scatter(df,x="시가배당률",y="등락률",color="시장구분",hover_name=
          "종목명")
```

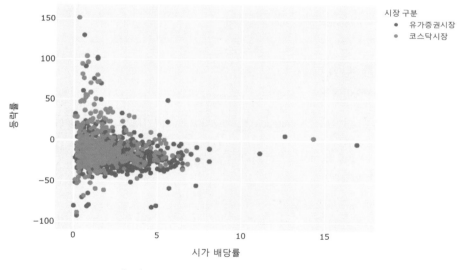

[그림 3-24] 2019년 시가 배당률과 주가 등락률 비교

위의 데이터를 볼 때, 한 가지 주의할 점이 있습니다. 주식을 액면 분할하거나 합병한 경우 주가가 크게 변동합니다. 그래서 과거와 현재를 비교하기에 어려운 부분이 있습니다. 주가가 많이 차이 나는 주식들은 액면 분할이나 합병이 없었는지 확인해 보는

것이 좋습니다.

데이터를 확인한 시기가 코로나 이후라 진단 시약을 개발한 씨젠의 등락률이 가장 높았습니다. 시가 배당률이 10%가 넘어가는 기업도 4곳이 있습니다.

대부분의 데이터가 등락률이 0% 아래에 위치해 있습니다. 데이터 스케일을 변동해 보는 것도 좋을 듯합니다. 혹은 업종별로 데이터를 나누어서 확인하는 것도 좋겠습니다. 관심 있는 지표가 더 있다면, 추가해 보는 것도 좋을 듯 합니다.

3.8 퀀트 투자 따라 하기

퀀트 투자란 수학이나 통계 지식을 이용해서 데이터를 분석하고, 투자 전략을 만들어 투자하는 것을 말합니다. 이를 위해서는 데이터를 수집하고, 모델을 만들어 테스트해 봐야 합니다. 파이썬을 이용하면 이 작업들을 쉽게 해 볼 수 있습니다.

퀀트 투자에는 백테스트라는 단계가 있습니다. 데이터를 수집하고 분석하여, 종목을 선택하거나 모형을 만들었다면 이를 검증해 봐야 합니다. 과거 데이터에 적용해서 테스트해 보는 것을 백테스트라고 합니다. 파이썬에는 zipline이라는 패키지가 있어, 이 작업을 쉽게 해 볼 수 있습니다.

[그림 3-25] 파이썬 알고리즘 거래 분석 패키지, zipline(https://github.com/quantopian/zipline)

zipline 설치하기

zipline 패키지는 현재 파이썬 2.7과 3.5 버전을 지원합니다. 또한, 다른 파이썬 패키지들과 충돌이 있을 수 있어 가상 환경에서 사용하는 것을 권장합니다. 이에 아나콘다 가상 환경을 만들어서 설치하겠습니다. 여러 가지 다른 모듈이 필요하여, 아나콘다 환경에서 설치하는 것이 편리합니다.

아나콘다 가상 환경은 파이참에서 쉽게 생성할 수 있습니다. 아래와 같이 새로운 프로젝트를 만들 때, 환경은 Conda를 선택하고 파이썬 버전은 3.5로 선택해 줍니다.

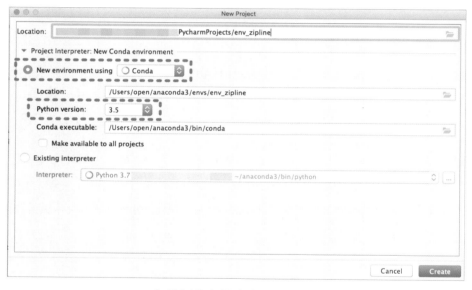

[그림 3-26] 아나콘다 가상 환경 만들기

터미널에서 아래와 같이 입력하여, zipline 패키지를 설치합니다.

```
> conda install -c Quantopian zipline
```

알고리즘을 만들고 테스트할 데이터도 zipline으로 수집할 수 있습니다. 애플 종목을 예시로 zipline의 사용법을 익혀 보겠습니다.

zipline에는 API로 데이터를 제공하는 사이트가 등록되어 데이터를 쉽게 수집할 수 있습니다. 그중 하나는 quandl.com입니다. 금융, 경제 데이터를 API로 제공하고 있습니다. 해당 사이트에 가입하면, API KEY를 무료로 발급받을 수 있습니다.

[그림 3-27] https://www.quandl.com

파이참 아래 도구 창에서 터미널을 실행합니다. 그리고 아래와 같이 입력하여 데이터를 수집합니다.

```
> QUANDL_API_KEY=<API KEY 입력> zipline ingest -b quandl
```

3.8.2 미국 주식 투자 백테스트하기

이제 간단한 알고리즘을 구현하고, 백테스트해 보겠습니다. zipline은 initialize (context)와 handle_data(context, data)의 2가지 요소로 구성되어 있습니다. initialize는 투자 금액, 수수료율 등 초기 변수들을 설정하는 역할을 합니다. 이후에는 매번 handle_data 함수를 호출하여, 거래를 발생시키고 거래 기록을 저장합니다. 알고리즘을 handle_data에 구현합니다.

```
from zipline.api import order, record, symbol

def initialize(context):
    pass

def handle_data(context,data):
    order(symbol('AAPL'),10)
    record(AAPL=data.current(symbol('AAPL'), 'price'))
```

알고리즘에서 사용하는 대부분의 기능은 zipline.api에 있습니다. order는 주식을 주문할 때 사용합니다. 종목 코드와 수량을 입력합니다. 양수면 매수, 음수면 매도를 의미합니다. record 함수는 알고리즘이 반복 실행되는 동안 값을 저장하는 역할을 합니다. 알고리즘을 백테스트하면, 결과 파일이 하나 생성됩니다. 거기에 칼럼을 추가하여 관심 있는 데이터들을 살펴볼 수 있습니다. '칼럼명=값'의 형태로 작성하면 됩니다.

초기 설정에 해당하는 initialize 함수는 뒤에 코스피 데이터로 구현할 때 사용법을 익혀 보겠습니다.

함수에 입력 파라미터로 사용하는 context는 백테스트하는 동안 사용해야 할 값을 저장하는 역할을 합니다. data는 백테스트에 사용할 데이터입니다. 어떤 데이터를 사용할지는 실행할 때 지정합니다.

작성한 알고리즘을 실행하기 위해서 터미널에서 zipline run을 실행합니다. zipline run -help를 실행하면 사용법을 알 수 있습니다. 위의 코드를 buy_apple.py로 저장하고, 아래와 같이 실행합니다.

```
> zipline run -f buy_apple.py --start 2016-1-1 --end 2018-1-1 -b quandl -o
buyapple_out.pickle
```

-f는 백테스트할 파이썬 파일, --start는 시작 일자, --end는 종료 일자를 지정합니다. -b는 사용할 데이터 세트명, -o는 출력 파일을 지정하는 옵션입니다.

위의 명령을 실행하면, 'json.decoder.JSONDecodeError: Expecting value: line 1 column 1 (char 0)' 에러가 발생합니다. 백테스트를 수행할 때 IEX라는 곳에서 API 로 벤치마크 지수를 가져옵니다. 이 API의 레이아웃이 변경되었기 때문입니다. 정상 적으로 실행하려면 benchmarks.py와 loaders.py 파일을 수정해야 합니다. 먼저 ./ env_zipline/lib/python3.5/site-packages/zipline/data/benchmarks.py의 get_ benchmark_returns 함수를 아래와 같이 변경해 줍니다.

```python
import pandas as pd
from trading_calendars import get_calendar

def get_benchmark_returns(symbol, first_date, last_date):
    cal = get_calendar('NYSE')

    dates = cal.sessions_in_range(first_date, last_date)

    data = pd.DataFrame(0.0, index=dates, columns=['close'])
    data = data['close']

    return data.sort_index().iloc[1:]
```

동일한 경로에 있는 loaders.py는 'data = get_benchmark_returns(symbol)'를 'data = get_benchmark_returns(symbol, first_date, last_date)'로 수정합니다.

백테스트가 실행되면, buyapple_out.pickle 파일이 생성됩니다. 피클 파일을 불러와 서, 알고리즘 실행 결과를 확인해 보았습니다. portfolio_value의 값이 투자한 결과입 니다.

```python
import pandas as pd

perf=pd.read_pickle('buyapple_out.pickle')

# 소수점 출력 형식 조정
pd.set_option('display.float_format', '{:.2f }'.format)
```

```
perf["portfolio_value"]=perf["portfolio_value"].astype(int)
print(perf.head().T)
```

투자 성과와 record 함수로 기록한 애플 주가를 그래프로 그려 보았습니다.

```
import seaborn as sns
import matplotlib.pyplot as plt
import matplotlib.ticker as mtick

ax1 = plt.subplot(211)

fmt = '{x:,.0f}'
tick = mtick.StrMethodFormatter(fmt)
ax1.yaxis.set_major_formatter(tick)

g=sns.lineplot(x=perf.index,y=perf["portfolio_value"], ax=ax1)

ax2 = plt.subplot(212)
sns.lineplot(x=perf.index,y=perf["AAPL"], ax=ax2)
```

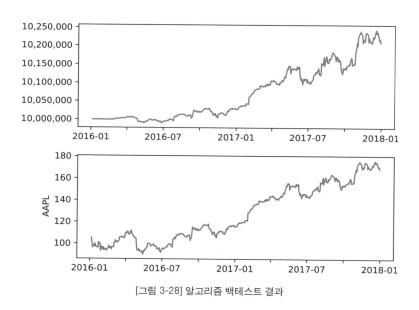

[그림 3-28] 알고리즘 백테스트 결과

매일 애플 주식을 10주씩 사서, 애플의 주가와 투자 결과가 거의 동일합니다. initialize 함수에서 별도로 설정하지 않으면, 초기 투자 금액 10,000,000달러가 기본 설정됩니다. 최종 포트폴리오의 가치는 10,218,040달러입니다.

3.8.3 한국 주식 투자 백테스트하기

한국의 코스피나 코스닥 종목을 백테스트하려면, 데이터를 별도로 등록해야 합니다. 데이터를 등록하는 방법은 여러 가지가 있지만, CSV 파일을 이용하는 것이 가장 편리합니다. 삼성전자 주가를 정해진 레이아웃의 CSV 파일로 만들고, 등록하겠습니다.

주가 데이터는 앞에서 다룬 FinanceDataReader 패키지에서 가져올 수 있습니다. 모듈을 불러올 때, 'ImportError: cannot import name json_normalize' 에러가 발생합니다. 판다스 패키지의 json_normalize 함수를 불러오는 방법이 바뀌었기 때문입니다. 이 에러가 발생하는 부분의 'from pandas import json_normalize'를 'from pandas.io.json import json_normalize'로 바꿔 줍니다.

프로젝트 폴더 아래에 './korean/daily/' 폴더를 만듭니다. 종목 코드와 연도를 입력받아서 정해진 레이아웃의 csv 파일을 생성하는 함수를 만들었습니다.

```python
import FinanceDataReader as fdr

def to_csv(code, year):
    """
    :param code: 종목코드
    :param year: 연도, string
    """
    output_dir="./korean/daily"

    df=fdr.DataReader(code,year)
    df.head()
```

```
    df=df.reset_index(drop=False)
    df=df.drop("Change",1)
    df["dividend"]=0
    df["split"] = 0
    df.columns = [c.lower() for c in df.columns]

    df.to_csv("{}/{}.csv".format(output_dir,code), index=False)

    return 1

if __name__ == '__main__':
    to_csv("005930","2019")
```

새로운 데이터 세트를 등록하기 위해 extensions.py 파일을 수정합니다. 위치는 './ anaconda3/envs/env_zipline/lib/python3.5/site-packages/zipline/extensions. py'입니다. 사용 환경에 따라 위치는 조금 다를 수 있습니다. 파일의 제일 앞에 아래 코드를 추가해 줍니다.

extensions.py파일에 register 함수를 이용해 kor_stocks이라는 데이터 세트를 등록 합니다. 일별 거래 데이터는 daily 폴더에 넣습니다. calendar name은 한국 시장에 해당하는 XKRX를 입력합니다.

```
import pandas as pd
from zipline.data.bundles import register
from zipline.data.bundles.csvdir import csvdir_equities

# 한국 주식
temp=pd.read_csv("/Users/open/PycharmProjects/env_zipline/korean/
daily/005930.csv")
import datetime

start_session = pd.Timestamp(temp["date"].min(), tz='utc')
end_session = pd.Timestamp(temp["date"].max(), tz='utc')

register(
```

```
        'kor_stocks',  # name for bundle
        csvdir_equities(
            # data frequency directory
            ['daily'],
            # directory
            '/Users/open/PycharmProjects/env_zipline/korean',
        ),
        calendar_name='XKRX',
        start_session=start_session,
        end_session=end_session
    )
```

알고리즘 백테스트를 실행하면 'KeyError: Timestamp('2020-04-23 00:00:00+0000', tz='UTC')'라고 에러가 발생합니다. 이는 trading calendar 모듈 때문입니다. zipline은 백테스트하는 날짜를 trading calendar 모듈에서 가져옵니다. 휴일 등 장이 열리지 않는 날을 고려하기 위해서입니다. 한국 시장은 trading calendar 모듈의 날짜가 정확하지 않아서 에러가 발생합니다.

캘린더를 수정하기 위해 './anaconda3/envs/env_zipline/lib/python3.5/site-packages/trading_calendars' 폴더로 갑니다. exchange_calendar_xkrx.py가 한국 시장에 해당하는 파일입니다.

precomputed_krx_holidays에 한국의 휴일이 리스트 자료형으로 입력되어 있습니다. 이를 아래와 같이 변경해 줍니다. FinanceDataReader 패키지의 삼성전자 종목으로 과거 거래 데이터를 가져옵니다. 해당 기간의 전체 날짜를 가져오고, 그중에서 거래가 있는 날짜를 제외합니다. 이를 precomputed_krx_holidays에 입력합니다.

```
import FinanceDataReader as fdr
df=fdr.DataReader("005930","1986")
date_ind=df.reset_index(drop=False)[["Date"]]
#전체 날짜 생성
total_date=pd.DataFrame(pd.date_range(date_ind["Date"].min(),date_ind
```

```
["Date"].max()),columns=["Date"])
total_date1=pd.merge(total_date,date_ind,on="Date",how="outer",indicator=
True)
#휴일만 추출
holiday_list=total_date1.loc[total_date1["_merge"]=="left_only","Date"]
holiday_list=list(holiday_list.astype(str))

precomputed_krx_holidays = pd.to_datetime(holiday_list)
```

주피터 노트북을 이용하면, 매직 함수를 이용해서 더 쉽게 사용이 가능합니다. 파이참에 외부 도구로 등록한 주피터 노트북은 가상 환경이 실행되지 않습니다. conda install jupyternotebook을 실행하여 가상 환경에 주피터 노트북을 설치합니다. 그리고, 터미널 창에서 jupyter notebook을 입력하여 실행합니다.

아래와 같이 load_ext 명령어를 이용하여, zipline 모듈을 불러옵니다. 그리고 백테스트에 해당하는 코드 위에 %%zipline 실행 명령을 작성합니다. 터미널에서 작성한 것과 동일한 레이아웃으로 코딩합니다. 파이썬 파일명과 결과 파일 이름은 넣지 않아도 됩니다.

```
%load_ext zipline
```

```
%%zipline --start 2019-1-2 --end 2020-4-23 --bundle kor_stocks --trading-
calendar XKRX
from zipline.api import order, record, symbol

def initialize(context):
    pass

def handle_data(context,data):
    order(symbol('005930'),10)
    record(samsung=data.current(symbol('005930'), 'price'))
```

결과 파일은 '_' 변수에 저장됩니다. _.head()라고 입력하면 백테스트 결과에 앞부분을 확인할 수 있습니다. buy_apple.py와 동일하게 백테스트 결과를 그래프로 그려 보았습니다.

[그림 3-29] 삼성전자 주식 매수 백테스트 결과

3.8.4 볼린저 밴드를 이용한 투자 방법 평가하기

zipline에는 백테스트를 편리하게 도와주는 여러 가지 모듈이 있습니다. 주요한 모듈은 아래와 같습니다.

1. Algorithm: 거래 알고리즘을 만드는 데 필요한 모듈

2. Pipeline: 매번 주식을 평가하고, 선별하는 기능을 하는 모듈

3. Trading calendar: 국가별 주식 시장 오픈일

4. Data: 데이터를 불러오고, 저장하는 기능을 하는 모듈

5. Risk Metics: 포트폴리오의 상태를 기록하는 모듈

pipeline 모듈을 이용하면 매번 다수의 주식을 평가하고, 그중에 조건 맞는 주식들을 선별하여 투자하는 모델을 만들 수 있습니다. pipeline 모듈에 있는 요소 중에 볼린저 밴드(BollingerBands)를 이용해서 삼성전자 주식에 투자해 보겠습니다.

볼린저 밴드를 간단히 알아보겠습니다. 볼린저 밴드는 주가의 흐름이 정규 분포를 따른다고 가정합니다. 자연이나 경제 현상 등 많은 일이 정규 분포를 따른다고 합니다. 정규 분포는 대부분의 일이 평균의 좌우 근처에서 발생합니다. 평균에서 많이 떨어진 경우는 거의 발생하지 않습니다. 평균의 좌우 2σ ($2 \times$ 표준 편차)를 벗어난 구간의 일이 발생할 확률은 4.6%입니다. 95.4%가 2σ 안에서 발생하고, 4.6%의 확률로 이를 벗어나게 됩니다.

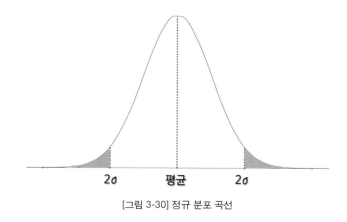

[그림 3-30] 정규 분포 곡선

그래서, 주가가 평균의 좌우 2σ 를 벗어나는 경우에 다시 원래의 주가 흐름으로 갈 것으로 예상하고 주식을 거래합니다. -2σ 보다 하락하면 다시 올라갈 것으로 예상해서 매수하고, 2σ 보다 상승하면 다시 하락할 것으로 예상해서 매도할 수 있습니다.

위의 방법으로 투자하는 전략을 zipline으로 백테스트합니다.

이번에는 주식 투자 수수료도 반영해 보겠습니다. 주식을 매수, 매도할 때는 매매 수수료와 세금이 발생합니다. 매매 수수료는 모바일 거래 시 무료로 제공하는 증권사가 많습니다. 세금은 매수할 때는 발생하지 않지만, 매도할 때 0.3%의 거래세가 발생합니다.

zipline에는 여러 가지 수수료 모델이 있지만, 이 경우와 맞는 모델은 없습니다. 가장 유사한 것이 PerDollar입니다. PerDollar는 1달러 거래 시 얼마를 수수료로 내는지 입력할 수 있습니다. 우리는 '원'으로 감안하여, 1원 거래 시 0.003원의 수수료가 나온다고 생각하면 됩니다. 매도 시에만 발생하므로 PerDollar 클래스를 상속하고, 수수료를 계산하는 calculate 함수를 수정합니다.

```python
from zipline.finance.commission import PerDollar

import logging
logging.basicConfig(level=logging.WARNING)

# commision
class KorCom(PerDollar):
    def calculate(self, order, transaction):
        """
        Pay commission based on dollar value of shares.
        """
        if order.amount > 0:
            cost_per_share = 0
        else:
            cost_per_share = transaction.price * self.cost_per_dollar
        return abs(transaction.amount) * cost_per_share
```

다음 볼린저 밴드를 계산하는 make_pipeline 함수를 작성합니다. context와 data는 고려하지 않아도, 자동으로 입력 및 계산됩니다. zipline.pipeline.factors 모듈의 BollingerBands 클래스를 불러옵니다. window_length는 이동 평균처럼 앞의 얼마만큼의 거래일을 가지고, 평균과 표준 편차를 계산할 것인지를 의미합니다. k는 표준 편차의 k배만큼을 기준선으로 잡을 것을 의미합니다.

계산된 값을 Pipeline 클래스의 upper, middle, lower 칼럼에 넣습니다. 각각 평균

+2σ , 평균, 평균 -2σ 에 해당합니다. 회신되는 값은 판다스 데이터 프레임으로 회신됩니다.

```python
# pipeline
from zipline.pipeline import Pipeline
from zipline.pipeline.factors import BollingerBands

def make_pipeline():
    bb = BollingerBands(window_length=10, k=2)
    return Pipeline(
        columns={
            'upper': bb.upper,
            'middle': bb.middle,
            'lower': bb.lower,
        },
    )
```

이제 알고리즘 모듈을 작성합니다. initialize 함수에 앞에서 만든 make_pipeline 함수를 'pipeline_data'라는 이름을 부여합니다. set_comission 함수를 이용해, 위에서 설정한 수수료 조건도 넣습니다. pipeline을 추가하면 handle_data 함수가 매일 실행되지 않아, schedule_function 함수를 이용해서 매일 실행될 수 있도록 합니다. 마지막으로 회차를 기록하기 위한 i와 종목 코드를 asset에 저장합니다.

```python
# trading
from zipline.api import order, record, symbol, attach_pipeline, pipeline_
output, schedule_function, date_rules

def initialize(context):
    attach_pipeline(make_pipeline(), 'pipeline_data')
    context.set_commission(KorCom(cost=0.003))
    schedule_function(handle_data, date_rules.every_day())

    context.i = 0
    context.asset=symbol("005930")
```

handle_data 함수를 작성합니다. pipline_output 함수를 이용하여, pipeline을 계산하고 그 결과를 context.pipeline_data에 저장합니다. 볼린저 밴드의 위, 아래 값을 이용해서 거래를 발생합니다. 볼린저 밴드의 위의 값보다 크면 주식을 10주 매도하고, 아래 값보다 작으면 주식을 10주 매수합니다.

분석을 위해 주식의 가격과 볼린저 밴드 위, 아래 값을 기록합니다.

```python
def handle_data(context, data):

    record(i=context.i)
    context.i += 1

    context.pipeline_data = pipeline_output('pipeline_data')

    if data.current(context.asset, 'price') > context.pipeline_data
    ["upper"][0]:
        order(context.asset, -10)
    elif data.current(context.asset, 'price') < context.pipeline_data
    ["lower"][0]:
        order(context.asset, 10)

    record(samsung=data.current(context.asset, 'price'))
    record(bb_upper=context.pipeline_data["upper"][0])
    record(bb_lower=context.pipeline_data["lower"][0])
```

analyze 함수를 추가하면, 백테스트 결과를 분석하는 코드도 같이 실행할 수 있습니다. analyze 함수를 작성하면, 주피터 노트북에서 실행하는 것이 좋습니다. 터미널에서 실행 시 그래프가 바로 종료되기 때문입니다.

포트폴리오 가격과 주가를 출력합니다. 볼린저 밴드의 위, 아래 값과 매수, 매도 시점을 추가하였습니다.

```python
# analyze
import seaborn as sns
```

```
import matplotlib.pyplot as plt
import matplotlib.ticker as mtick

def analyze(context, perf):

    ax1 = plt.subplot(211)

    fmt = '{x:,.0f}'
    tick = mtick.StrMethodFormatter(fmt)
    ax1.yaxis.set_major_formatter(tick)

    g = sns.lineplot(x=perf.index, y=perf["portfolio_value"], ax=ax1)

    ax2 = plt.subplot(212)
    sns.lineplot(x=perf.index, y=perf["samsung"], ax=ax2, color="red")
    sns.lineplot(x=perf.index, y=perf["bb_upper"], ax=ax2, color="green")
    sns.lineplot(x=perf.index, y=perf["bb_lower"], ax=ax2, color="blue")

    # 거래시기
    buys = list()
    sells = list()

    for t in perf.transactions:
        if len(t) > 0:
            buys.append(t[0]['amount'] > 0)
            sells.append(t[0]['amount'] < 0)
        else:
            buys.append(False)
            sells.append(False)

    buys = perf.ix[buys]
    sells = perf.ix[sells]

    sns.scatterplot(buys.index, perf.samsung.ix[buys.index],  markers='^',
    color='m',ax=ax2)
    sns.scatterplot(sells.index, perf.samsung.ix[sells.index], markers='v',
    color='k',ax=ax2)
```

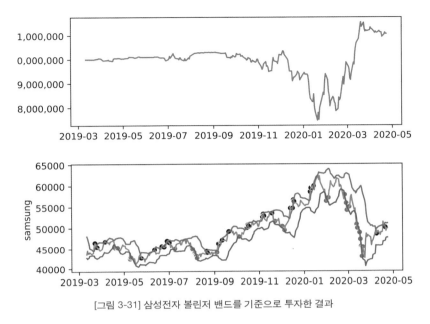

[그림 3-31] 삼성전자 볼린저 밴드를 기준으로 투자한 결과

검은색 원이 매도, 보라색 원이 매수 시점을 나타냅니다. 처음에는 거래가 빈번하게 발생하지 않았습니다. 최근에 주가가 하락할 때 여러 번 매수되면서, 포트폴리오 가치가 삼성전자 주가 흐름을 따라가는 것을 알 수 있습니다.

볼린저 밴드는 특정 구간에서는 잘 동작할 수 있지만, 기업의 가치나 환경이 변화하여 다른 성격을 갖게 되는 경우 크게 손실을 보거나 수익의 기회를 놓칠 수도 있습니다. 백테스트한 결과는 과거의 자료를 기준으로 하여, 미래에도 동일한 수익이 발생한다고 말하기는 어렵습니다.

zipline 패키지의 examples 폴더(./env_zipline/lib/python3.5/site-packages/zipline/examples)에 가면, 여러 가지 예제 코드를 확인할 수 있습니다. 이동 평균선이나 모멘텀을 이용한 방법들도 있으니, 관심이 있다면 참고하기 바랍니다.

quantopian.com의 Forum 메뉴에 가면, 다른 사람들이 작성한 알고리즘과 백테스트 결과도 볼 수 있습니다. 이를 활용해 보는 것도 좋을 듯합니다.

3.8.5 pyfolio로 투자 방법 비교하기

pyfolio를 이용하면 백테스트 결과의 주요 지표들을 한 번에 시각화해서 볼 수 있습니다. 아래와 같이 create_full_tear_sheet 함수를 이용하면 됩니다. 볼린저 밴드를 이용한 알고리즘의 결과를 확인해 보았습니다.

```python
import pyfolio as pf
import pandas as pd

df = pd.read_pickle("samsung_bb.pickle")
pf.create_full_tear_sheet(df.returns)
```

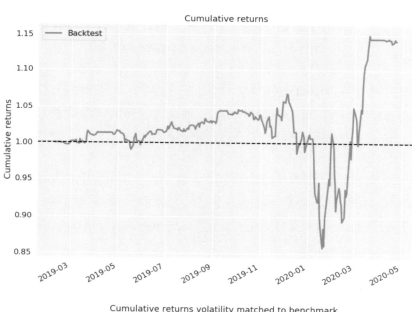

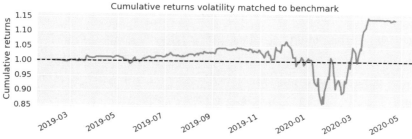

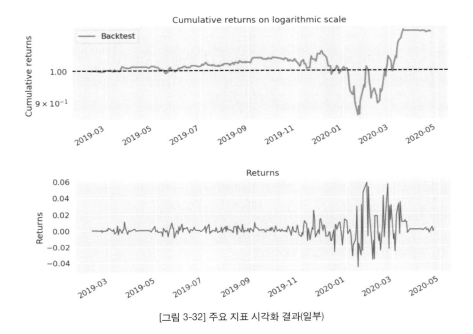

Cumulative returns on logarithmic scale

Returns

[그림 3-32] 주요 지표 시각화 결과(일부)

매일 10주씩 삼성전자 주식을 사는 방법과 볼린저 밴드를 이용한 투자 방법을 비교해 보았습니다. perf_stats 함수를 이용하면, 주요 통계량을 데이터 프레임으로 저장할 수 있습니다.

```
ss_buy=pd.read_pickle("samsung_daily_buy.pkl")
ss_bb_per=pf.timeseries.perf_stats(ss_bb.returns)[["Annual volatility",
"Annual return","Cumulative returns", "Max drawdown", "Sharpe ratio",
"Sortino ratio"]]
ss_buy_per=pf.timeseries.perf_stats(ss_buy.returns)[["Annual volatility",
"Annual return","Cumulative returns", "Max drawdown", "Sharpe ratio",
"Sortino ratio"]]

per_tot=pd.DataFrame({"BollingerBands":ss_bb_per,"Daily Buy":ss_buy_per})
per_tot.T
```

	Annual volatility	Annual return	Cumulative returns	Max drawdown	Sharpe ratio	Sortino ratio
BollingerBands	0,181608	0,117561	0,141976	-0,19685	0,702013	1,127534
Daily Buy	53,40126	0,207508	0,252602	-1,18396	0,59071	1,780836

위의 평가 지표들은 포트폴리오에 대한 것입니다. (하나의 종목으로 백테스트해서, 일부 지표는 성격이 맞지 않을 수 있습니다.) 하지만, 어떤 성격의 지표인지 알아보는 것으로는 충분할 듯합니다.

- annual volatility(연간 변동성)
  - 수익률의 변동성을 의미합니다.
- annual returns(연간 수익률)
- cumulative returns(누적 수익률)
- max dropdown(최대 손실)
  - 기간 내 최고 수익 대비 최저 수익 비율을 의미합니다.
- sharpe ratio(샤프 지수)
  - 샤프 비율은 무위험 수익률에 대비하여 변동성에 따른 기대 수익이 얼마인지 나타냅니다. 무위험 수익률 대비 변동성을 측정하고, 그에 따른 수익이 얼마인지 평가합니다. 샤프 지수가 클수록 위험 대비 높은 기대 수익률을 가져 좋은 포트폴리오라고 볼 수 있습니다.
- sortino ratio(소르티노 지수)
  - 소르티노 지수는 마이너스의 변동성만을 가지고 기대 수익을 측정한 지표입니다. 샤프 지수는 전체 변동성으로 측정한 반면, 소르티노 지수는 손해만을 가지고 측정한 것입니다. 벤치마크 지수 대비하여 손해는 적고, 기대 수익은 좋은 포트폴리오를 찾기 위한 지표입니다.

연간 수익률과 누적 수익률은 매일 삼성전자를 구매한 방법이 더 높지만, 변동성이나 리스크도 더 높습니다. 볼린저 밴드를 이용한 방법은 수익은 더 적지만, 방법의 성격상 변동성과 리스크가 더 적은 것을 알 수 있습니다.

찾아보기

금융 데이터를 위한 파이썬

부동산 & 주식 데이터 수집 · 분석 · 활용까지

출간일 ㅣ 2020년 6월 26일 ㅣ 1판 2쇄

지은이 ㅣ 테리엇
펴낸이 ㅣ 김범준
기획 ㅣ 이동원
책임편집 ㅣ 김수민

교정교열 ㅣ 이혜원
편집디자인 ㅣ 한지혜
표지디자인 ㅣ 김환, 김민정

발행처 ㅣ 비제이퍼블릭
출판신고 ㅣ 2009년 05월 01일 제300-2009-38호
주소 ㅣ 서울시 중구 청계천로 100 시그니처타워 서관 10층 1060호

주문/문의 ㅣ 02-739-0739   **팩스** ㅣ 02-6442-0739

홈페이지 ㅣ http://bjpublic.co.kr   **이메일** ㅣ bjpublic@bjpublic.co.kr

가격 ㅣ 24,000원
ISBN ㅣ 979-11-90014-98-4
한국어판 © 2020 비제이퍼블릭

소스코드 다운로드 ㅣ https://github.com/bjpublic/python-for-finance-data